中级实用
日语语法

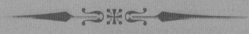

谢 好◎编著

吉林大学出版社

·长 春·

图书在版编目（CIP）数据

中级实用日语语法 / 谢好编著 . -- 长春：吉林大
学出版社，2023.10
ISBN 978-7-5768-2513-8

Ⅰ．①中… Ⅱ．①谢… Ⅲ．①日语—语法—高等学校
—教材 Ⅳ．① H364

中国国家版本馆 CIP 数据核字（2023）第 216741 号

书　　名：中级实用日语语法
　　　　　ZHONGJI SHIYONG RIYU YUFA
作　　者：谢　好
策划编辑：卢　婵
责任编辑：刘　丹
责任校对：于　莹
装帧设计：邹文奥
出版发行：吉林大学出版社
社　　址：长春市人民大街 4059 号
邮政编码：130021
发行电话：0431-89580036/58
网　　址：http://www.jlup.com.cn
电子邮箱：jldxcbs@sina.com
印　　刷：武汉鑫佳捷印务有限公司
开　　本：787mm×1092mm　　1/16
印　　张：10.5
字　　数：160 千字
版　　次：2023 年 10 月　第 1 版
印　　次：2024 年 4 月　第 1 次
书　　号：ISBN 978-7-5768-2513-8
定　　价：78.00 元

前　言

　　随着高考日语考生的大幅增加，大学日语课程的教学面临着新的挑战：很多考生高中尚未形成成熟的日语教学体系且所就读学校选用教材不一、学习时长不一等情况，导致大学日语课程的选课学生日语水平参差不齐、基础薄弱。基于此，笔者编写了这本高等学校中级日语语法教材，本书适用于大学日语一年级或专业日语一年级的语法学习。

　　本书由18讲构成，收集整理了中级日语阶段重要的语法知识点，从接续和译文上对各个语法知识点进行了细致的分类与详细的解释；通过经典例句展示、2002—2023年高考日语真题语法题目解释、练习题目强化，归纳分析了各个语法知识点的应用，有助于学习者夯实初级日语语法基础，顺利向高级日语语法阶段过渡。

　　本书汇聚了笔者日常教学与研究的心得。本书重点突出，结构体例严谨；知识分布全面，实用性较强；内容丰富，所选实例及练习题材新颖。笔者在具体编写的过程中，各语法知识点的讲解部分以简洁精准的表述对接续、译文进行了概括性的说明与详细的讲解；经典例句部分对句子结构进行剖析，并配备了准确译文；真题再现部分紧扣考试主题、直击考试重点、点拨解题技巧。希望学习者通过对本书的学习与练习，能够熟练掌握并灵活运用中级日语的相关语法知识点，有效地提高日语综合应用能力。

　　由于编写时间与笔者自身水平所限，疏漏之处实属难免，在此，恳请广大读者及同行专家不吝指正。

谢　好

2023 年 10 月

目　录

第 1 讲

【あ】

【あまり】

【用法解说】

「あまり＋肯定式」"过于、过分"，表示程度之甚。一般用于消极的事情。

例：感激のあまり泣き出した。（过于感动而哭出来了。）

　　「あまり＋否定式」"不怎么、不太……"。表示程度不过分。

例：私はあまり甘いものを食べません。（我不太吃甜的东西。）

【真题再现】

旅行に行くと言っても、1日の旅では（　D　）。（2006）

　　　　A. さっぱりしてこよう　　　　B. しっかり遊んでこよう

　　　　C. ゆっくりできそうだ　　　　D. あまりゆっくりできない

译文：说是去旅行，一天的旅行不太能好好游玩。

【～間／～間に】

【用法解说】

接续：名词の／イ形容词基本形／ナ形容词词干な／动词简体＋間（に）

「～間」表示某种动作或状态持续的时间段，后项是持续意思的动词，"在什么时候、期间，一直做某事或一直处于某种状态"。

例：私が勉強している間、妹はずっとテレビを見ていました。

　　（我学习的时候，妹妹一直在看电视。）

「～間に」表示"在什么时候、期间，做某个动作"，后项多为短暂性的动作，此动作发生在前面的期间内的某一时间点。

例：午後1時から2時までの間に、一度電話をください。

　　（下午1点到2点之间，找个时间点给我打电话。）

对比：

子どもが寝ている間、部屋を片付けていました。

（在孩子睡觉期间，一直在整理房间。）

子どもが寝ている間に、部屋を片付けました。

（在孩子睡觉期间内的某个时间点整理了房间。）

【真题再现】

「きのう、林さんが約束の時間に1時間も遅れてきた。」
「1時間も。（　C　）、何をしていたんですか。」（2008）

　　　A. 林さんを待たせた間　　　　B. 林さんに待たれた間
　　　C. 林さんを待っている間　　　D. 林さんを待てる間

译文：你在等待小林的期间，一直在做什么？「何をしていたんですか」：持续的状态，所以前面要选"間"。A 选项是"让小林等"，B 选项是"被小林等"，不合逻辑，因为题目说了小林迟到了1个小时，所以等待的人是"我"。D 选项是"能等待"，可能形。

【い】

【いくら～ても】

【用法解说】

"无论……也……"。「ても」表示转折，「て」指的是各种词的「て」形。前面的「いくら」加强了「ても」的转折语气。类似的表达还有：「どんなに～ても」「たとえ～ても」。

【真题再现】

いくら我慢しようと（　C　）、涙が止まらなかった。（2004）

　　　A. 思うが　　　B. 思うのに　　　C. 思っても　　　D. 思うけれど

译文：无论多么想忍耐，眼泪也止不住。

集合時間になったのに、（　A　）待っても田中さんは来ませんでした。（2012）

　　　A. いくら　　　B. どちら　　　C. どうして　　　D. いくつ

译文：已经到了集合时间了，怎么等也不见田中来。

いくら（　D　）、どこからか砂が入ってくるので困っている。（2015）

　　　A. 掃除する　　　B. 掃除して　　　C. 掃除した　　　D. 掃除しても

译文：无论怎么打扫，沙子总是不知道从哪里跑进来，真是烦人。

どんなに（　B　）やはり自分の家が一番いい。（2020）

　　　A. 狭いし　　　B. 狭くても　　　C. 狭いから　　　D. 狭いのに

译文：无论多么狭小，还是自己的家最好。

【～以上（は）】

【用法解说】

接续：名词である/动词简体＋以上（は）

译为"既然……就……"，前项表示原因理由，后项多表示义务、决心，或说话者的判断、忠告、劝说。

【真题再现】

彼の言うことも分からないではないが、約束した以上（　D　）。（2004）

  A. やりきれない　　　　　　B. やりおわらない

  C. やることしかない　　　　D. やるしかない

译文：既然约定了（说好了），就只能做了。

「やるしかない」：动词基本形＋しかない，"只能，别无他法"之意。

学生である以上、勉強を生活の中心に考えるのは（　B　）。（2005）

  A. ふつうとは言えない　　　B. あたりまえだ

  C. まじめすぎる　　　　　　D. おかしいと思う

译文：既然是学生，把学习作为生活的中心来考虑，那是理所当然的。

20歳を過ぎた（　C　）、もう大人なのだから、自立するべきだ。（2006）

  A. うち　　　　B. なか　　　　C. 以上　　　　D. 以下

译文：既然过了20岁，就已经是成人了，所以应该自立了。

【う】

【～うえで】

【用法解说】

接续：名词の/动词た形＋うえで

译文："在……之后"，"在……前提条件下"。也可以写成「上で」。

【真题再现】

私が歌手の道を選んだのはよくよく考えた（　D　）のことなのだ。（2005）

  A. まで　　　B. わけで　　　C. ばかり　　　D. うえで

译文：我选择当歌手的道路，是认真思考后的决定。

内容をご確認の（　B　）、署名をお願いします。（2014）

  A. 上を　　　B. 上で　　　C. 上に　　　D. 上は

译文：确认了内容以后，请签名。

就職のことは両親と相談した（　C　）決めたいと思います。（2017）
　　　　A. 上に　　　　　B. 上を　　　　　C. 上で　　　　　D. 上が
译文：就职的事情，想和父母商量以后再决定。

【～上】

【用法解说】

接续：名词＋上（じょう）。

译文：表示"在……方面""从……来看""从某观点来评价"。

例：「法律上の問題」（法律上的问题）。

　　「教育上の措置」（教育方面的措施）。

　　「健康上の理由」（出于健康原因）。

　　「学問上の議論」（学术上的争论）。

　　「表面上は変化がない」（表面上没有变化）。

　　「外見上も同じだ」（外观上也相同）。

【真题再现】

仕事の必要（　A　）、英語を勉強するのです。（2004）
　　　　A. 上　　　　　B. 中　　　　　C. 最中　　　　　D. 下
译文：从工作的必要性来考虑，学习英语。

【うちに】

【用法解说】

用法1：表示某状态正在持续或某动作正在进行的时间段，"在……期间／过程中"，后项表示不知不觉、自然而然地发生的结果。

例：日本人と付き合っていたら、知らず知らずのうちに、日本語が上手になっていた。

（和日本人交往，不知不觉中日语就变好了。）

【真题再现】

子供はこの装置を使って遊んでいる（　A　）、さまざまな感覚が刺激される。（2009）
　　　　A. うちに　　　　　B. ところに　　　C. つもりで　　　D. もので
译文：孩子使用这个装置游玩的过程中，能受到多种感官刺激。

何度も練習している（　A　）、歌が上手になりました。（2021）
　　　　A.うちに　　　　B.あいだ　　　　C.ことに　　　　D.ほかに
译文：在多次的练习中，变得会唱歌了。

用法2：前项动作、状态还未发生变化时，很快出现了未曾预料到的另一种情况。
例：アイスクリームが一分も経たないうちに、溶けてしまいました。
　　（还没过一分钟冰激凌就融化了。）

用法3：前项还未发生变化时（处于某种状态中），要抓紧进行后面的行为动作，否则就会错失良机，译为"趁着……"。
例：若いうちにいろいろ勉強したいです。
　　（我想趁着年轻多学习。）

【真题再现】

大事なことだから、忘れない（　A　）メモしておこう。（2006）
　　　　A.うちに　　　　B.ところに　　　C.ことで　　　　D.もので
译文：因为是很重要的事，趁没忘记的时候做笔记。

【え】

【ええ / いいえ】

【真题再现】

「この写真の人を知っていますか。」
「（　A　）。」（2011）
　　　　A.いいえ、知りません　　　　B.ええ、知ります
　　　　C.いいえ、知っていません　　D.ええ、知りません
译文："你认识这张照片里的人吗？"
　　　　"不，不认识。"
　　　　知る⇒知っている（知っています）"知道、认识、懂得"。
　　　　知る⇒知らない（知りません）"不知道、不认识、不懂"。

「いっしょに帰りませんか。」
「（　A　）。」（2013）
　　　　A.ええ、帰りましょう　　　　B.ええ、帰りませんね
　　　　C.いいえ、帰りましょう　　　D.いいえ、帰りませんね

译文："一起回去好吗？"
　　　　"好的，一起回去吧！"

BC选项前后矛盾。D选项在实际会话中，回答得过于生硬，应当更委婉地拒绝，解释说明无法一同回去的原因。

【お】

【～おかげで】
【用法解说】
译为"多亏了……"。表示好的原因、理由，后项为好的结果，多伴随说话人的感激之情。有时会用于不好的结果，此时为反语。

【真题再现】
日本人の友達の（　B　）で、日本の生活に慣れてきた。（2011）
　　　　A. せい　　　　　B. おかげ　　　　C. こと　　　　D. もの
译文：多亏了日本朋友，习惯了日本的生活。

みなさんの（　C　）、無事に開会式を迎えることができました。（2022）
　　　　A. せいで　　　　B. わけで　　　　C. おかげで　　　　D. きっかけで
译文：多亏了大家才能顺利地迎来开幕式。

【～恐れがある】
【用法解说】
接续：名词の／动词基本形＋恐れがある。
表示产生不良后果的可能性，译为"有可能会……"。

【真题再现】
このテレビ番組は小学生に悪い影響を与える（　C　）があります。（2008）
　　　　A. つもり　　　　B. おかげ　　　　C. おそれ　　　　D. わけ
译文：这个电视节目有可能会给小学生带来不好的影响。

第 2 讲

【か】

【疑问助词か】
【用法解说】

当整个疑问句作为大句子中的某个成分时，该疑问句使用"简体形＋か"的形式。如果该疑问句所充当的成分原本需要使用助词は／が／を来提示的话，通常省略，其他助词则保留。

【真题再现】

西村さんがいつ来る（　C　）知っていますか。（2009）
　　　　A.は　　　　B.を　　　　　C.か　　　　　D.が
译文：（你知道）西村什么时候来吗？
注意：「西村さんがいつ来るか」是「知っていますか」的宾语，宾语本应使用助词「を」来提示，如：「田中さんという人を知っていますか」，而本题的宾语是疑问句，省略了「を」。

日本はどんな国（　A　）日本国内にずっといるなら見えにくいでしょう。（2022）
　　　　A.か　　　　B.が　　　　　C.に　　　　　D.で
译文：日本是个怎样的国家？一直待在日本国内的话，很难看清吧。
注意：本题调整为常见的语序，应该是"一直待在日本国内的话，很难看清日本是个怎样的国家吧"⇒「日本国内にずっといるなら、日本はどんな国か、見えにくいでしょう」。
＊本来是「～が見えにくい」，省略了「が」。

【疑问词＋か】不定指代，表示不确定的时间、地点、数量等。
【真题再现】

「（　C　）きっと帰ってくる。」と彼は約束した。（2004）
　　　　A.いつでも　　B.いつ　　　　C.いつか　　　　D.いつまでも
译文：他说好了早晚一定会回来。
「いつか」：不确定具体是什么时候，译为"早晚、迟早、改日、不久"。

いつの日（　C　）世界に平和が来るだろう。（2006）
　　　　A.も　　　　B.で　　　　　C.か　　　　　D.まで

译文："有一天世界会迎来和平吧"。不确定是哪天，总之"总有一天会……"。

友達の劉さんは日本の小説を（　A　）持っています。（2012）
　　　　A. 何冊か　　B. 何冊で　　　　C. 何冊だ　　　　D. 何冊を
译文：朋友小刘有好几本日本小说。
「何冊か」译为"好几本"，不确定具体多少本，总之有好几本。

【か】表示不确定的原因。
【真题再现】
部屋が暗くなった（　C　）、写真がうまく写っていません。（2009）
　　　　A. も　　　　B. が　　　　C. か　　　　D. と
译文：也许是因为房间变暗了，照片照得不好。

周りが暗かったの（　B　）、写真がうまくとれませんでした。（2010）
　　　　A. や　　　　B. か　　　　C. は　　　　D. も
译文：也许是因为周围很暗，没能把照片拍好。
「周りが暗かった」＋「の」，「の」接在简体形后面，表示强调。

【～限り】
【用法解说】
接续：动词基本形／动词ている／动词ない形＋限り。
表示限定时间、情况等条件。译为"只要……就……"，"除非……"。
【真题再现】
かれが監督を続けている（　C　）、このチームはよくならないだろう。
（2007）
　　　　A. に限り　　B. に限って　　C. 限り　　　　D. 限りで
译文：只要他继续当领队，这支队伍就不会变好吧。

【かしら】
【用法解说】
语气助词，用于句末，通常为女性使用。
用法1：用于提问对方。
用法2：自言自语，表示对某事没有把握、说不清楚。

用法3：自言自语地表示自己的愿望。
用法4：委婉地表示劝诱，前面多为动词的否定形式。

【真题再现】

恋とはどんなもの（　D　）。（2018）
　　　　　A.だよ　　　　B.だぞ　　　　C.なあ　　　　D.かしら

译文：恋爱是什么呢。A选项「よ」用于提醒、叮嘱或引起对方注意。B
选项「ぞ」用于强调自己的看法或提醒对方，多为男性使用。C选项「なあ」
表示感叹、愿望、主张；向对方搭话。因为本题出现了疑问的表达「どん
なもの」，所以AB选项错误，说话者自己都不知道是什么，如何提醒对方？
如何表达自己的看法？而C应该是「どんなものだな」。

【～かどうか】

【用法解说】

接续：动词简体形／イ形容词简体形／ナ形容词简体形だ／名词简体形＋
かどうか。

译为"做不做……"，"是不是……"，"是否……"。

【真题再现】

できる（　D　）わからないが、みんなで力を合わせてやってみよう。
（2008）
　　　　　A.か　　　　B.かと　　　　C.しか　　　　D.かどうか

译文：虽然不知道是否能够做到，但大家齐心协力尝试一下吧。

このナイフは（　C　）分からないが、安かったので買った。（2021）
　　　　A.使いやすいと　　　　　　B.使いやすいだろうと
　　　　C.使いやすいかどうか　　　D.使いやすいのではないか

译文：虽然不知道这把刀好不好用，但很便宜，所以买了。

【～かもしれない】

【用法解说】

接续：动词简体形／イ形容词简体形／ナ形容词简体形去だ／名词简体形＋
かもしれない。

译为"可能……，也许会……"。

【真题再现】

「ひどい雨ですね。」

「でも、東の空が明るいです。雨はすぐやむ（　D　）よ。」（2015）

　　　　A. ほど　　　　B. ぐらい　　　　C. でしょう　　　　D. かもしれません

译为"雨好大呀。""但是，东边的天空很明亮，雨可能很快就会停哦。"

由于「でしょう」表示的可能性更大，如果再加上句末表示告知、叮嘱、强调语气的助词「よ」，会使得整个推测的可能性更大，说话者更有把握，但从题目可知，说话者并无十足把握。

D 选项「かもしれません」表示的可能性较小（约 50% 的概率），前接肯定式时，暗含希望事态发生的期待，因此 D 选项更符合题意。

先生は今日元気がないようだわ。何か心配なことがあるの（　C　）。（2022）

　　　　A. と思う　　　　　　　　　B. と見える

　　　　C. かもしれない　　　　　　D. いうまでもない

译文：老师今天好像没什么精神呢。可能是有什么担心的事吧。

【～から】

【用法解说】

用法 1：提示时间、空间的起点，"从……"。

【真题再现】

去年の 10 月（　B　）この店で働いています。（2004）

　　　　A. まで　　　B. から　　　C. に　　　　　　D. で

译文：从去年 10 月开始，一直在这家店工作。

何回も手紙を書きましたが、かれ（　C　）は何の連絡もありません。（2007）

　　　　A. に　　　B. とか　　　C. から　　　　D. しか

译文：虽然（我）写了好多次信（给他），但没有收到他任何回信。

「～から連絡がありません」译为"从……处没有收到联络信息"。

森の中（　C　）急に大きな鳥が飛び上がった。（2015）

　　　　A. が　　　B. と　　　C. から　　　　D. まで

译文：从森林中突然飞出一只大鸟。

この電車は東京（　C　）来ました。（2016）

　　　　A. で　　　　B. を　　　　　C. から　　　　　D. ほど

译文：这趟电车从东京开来。

田中さんとは小学校（　D　）の親友で、現在もクラスは同じです。（2017）

　　　　A. へ　　　　B. まで　　　　C. ほど　　　　D. から

译文：（我）和田中是从小学起的好朋友，现在也在同一个班。

用法 2：提示制造物品使用的原料、材料，译为"从、用……做成的"，一般用于看不出来原材料的情况。如果成品看得出来原材料，多用「で」。

例：この机は木で作る。

　　　ワインは葡萄から作る。

【真题再现】

ガソリンは石油（　A　）作られる。（2005）

　　　　A. から　　　　B. が　　　　　C. に　　　　　D. で

译文：汽油是用石油做的。

豆腐をはじめ、大豆（　D　）作られる食品が多い。（2020）

　　　　A. ので　　　　B. へは　　　　C. しか　　　　D. から

译文：以豆腐为代表，由大豆制成的食品有很多。

用法 3：连接两个句子，表示原因、理由。译为"因为……"。

【真题再现】

先生に叱られたのは、宿題をちゃんとしなかった（　C　）だ。（2007）

　　　　A. こと　　　　B. つもり　　　　C. から　　　　　D. もの

译文：之所以被老师批评，是因为没有好好写作业。

「先生に叱られた」：动词简体形后接形式体言「の」，成为句子主题。

先生がきみを叱るのは、きみに期待している（　C　）だ。（2008）

　　　　A. こと　　　　B. つもり　　　　C. から　　　　　D. もの

译文：老师训斥你，是因为对你寄予期待（厚望）。

用法 4：表示判断的依据。

「～からすれば／～からすると」「～からみると／～からみれば」「からいって」「から考えると」：从词源的"起点"引申而来，可以理解为"判断的出发点、起点、来源、源头"，"从……来说，从……来看"。

【真题再现】

工場の建設は町の繁栄という点（　C　）すれば望ましいことだが、一方、環境を守る立場から考えると喜んでばかりもいられない。（2003）

　　　　A.に　　　　B.の　　　　C.から　　　　D.まで

译文：工厂的建设，如果从城市的繁荣这一点来看，是值得期待的事。然而，另一方面，如果从保护环境的立场来思考，也不尽是件值得开心的事（不能光顾着开心）。

現状（　C　）、その計画を実行するのは無理です。（2014）

　　　　A.について　　B.にとって　　C.からいって　　D.といっても

译文：从现状来看，实行那个计划是不可能的。

彼の表情（　B　）、面接が難しかったに違いありません。（2016）

　　　　A.によると　　B.からみると　　C.のおかげで　　D.いうまでもなく

译文：从他的表情来看，肯定面试很难。

【～から～にかけて】

【用法解说】

译为"从……到……"，表示起点和终点。与「～から～まで」类似，但「～から～まで」既可以同时使用，也可以拆分单独使用。

例：日本語の授業は11時半までです。

　　「～にかけて」很少单独使用表示终点。此外，「～から～まで」更强调整个期间持续不间断地进行后项，而「～から～にかけて」可以表示该期间后项的动作行为断续进行。

例：下午3点到5点，妈妈一直跟我通电话。（～から～まで）

　　下午3点到5点，妈妈给我打了好几通电话。（～から～にかけて）

【真题再现】

あの鳥が日本で見られるのは、11月から3月（　A　）です。（2014）

　　　　A.にかけて　　B.をかねて　　C.にそって　　D.をもとに

译文：从11月到3月，能在日本看到那种鸟。

【～からこそ】

【用法解说】

「から」表示原因、理由，「こそ」表示强调，合在一起强调原因、理由，即"正因为……"。

【真题再现】

いまだから（　A　）どこへでも行けるが、昔は海外へ出るのは容易なことではなかった。（2003）

  A. こそ B. さえ C. だけ D. まで

译文：正因为是现在（交通发达），可以去任何地方，但过去出国不是容易的事。

難しいから（　A　）おもしろいんだ。（2017）

  A. こそ B. さえ C. だけ D. まで

译文：正因为难，才更有意思。

簡単に勝てない（　C　）、スポーツはおもしろい。（2018）

  A. うえで B. かどうか C. からこそ D. だけでなく

译文：正因为无法轻易获胜，运动才有意思。

【～かわりに】

【用法解说】

用法1：「かわりに」作为接续词单独使用，表示替代；补偿或交换条件。

【真题再现】

この本を貸してあげるから、（　C　）、そのCDを貸してくれない？（2011）

  A. 反対に B. それでも C. かわりに D. おかげで

译文：我把这本书借给你，作为交换，你能把那个CD借给我吗？

用法2：表示某事物代替另一事物起作用，或某人代替他人做事，"代替、取代"。

接续：名词の／イ形容词基本形／ナ形容词＋な／动词简体形＋かわりに。

注意：前为名词时，还可以使用「名词＋に代わって」的形式。

【真题再现】

わたしの（　D　）、高橋さんが会議に出る予定です。（2016）

  A. ところ B. つもり C. とおり D. かわりに

译文：计划由高桥代替我出席会议。

用法3：表示转折，译为"虽然……，但是／与之相反……"。表示事物的两面性，前后项互补对应。
接续：名词の／イ形容词基本形／ナ形容词＋な／动词简体形＋かわりに。
注意：还可以使用「その代わりに」的形式，将原句拆分为两个句子。
【真题再现】
親は子供を厳しく叱る（　B　）、やさしくほめてあげることも忘れてはいけない。（2005）
　　　　A. ばかりに　　B. かわりに　　C. うえに　　　　D. うちに
译文：父母对孩子严厉批评之外，也不能忘记要温柔地表扬孩子。

あの国では、税金が高い（　C　）、社会保障制度が充実している。（2018）
　　　　A. ことに　　B. うちに　　　　C. かわりに　　D. ばかりでなく
译文：虽然那个国家税金高，但是社会保障制度充实完善。

【が】

【助詞が】
【用法解说】
用法1：疑问词做主语时，用「が」提示。
【真题再现】
この絵はだれ（　C　）書いたかわかりません。（2008）
　　　　A. が　　　　B. か　　　　　C. は　　　　　　D. で
译文：不知道这幅画是谁画的。

用法2：描述客观状态、性质。
【真题再现】
あれから20年の歳月（　C　）流れた。（2018）
　　　　A. に　　　　B. の　　　　　C. が　　　　　　D. で
译文：自那以后过了20年。（20年的岁月／时光流逝）

用法3：提示自动词的主语。
【真题再现】
子供が遊んでいるの（　B　）見えます。（2005）
　　　　A. は　　　　B. が　　　　　C. に　　　　　　D. を

译文：能看到孩子们正在玩耍。

新しくて白い建物（　D　）見えるでしょう。あれが王さんの家です。
（2014）

A. で　　　　　B. に　　　　　C. を　　　　　D. が

译文：能看到那栋崭新的白色建筑吧。那是小王的家。

用法 4：提示能力、感情、好恶的对象。
【真题再现】
大きさ（　B　）調節できて、使いやすいテーブルがほしい。（2007）

A. は　　　　　B. が　　　　　C. に　　　　　D. の

译文：我想要一张能调节大小、使用方便的餐桌。

用法 5：以「〜は〜が〜」形式提示小主语。
【真题再现】
若い世代は、仕事に対しての考え方（　B　）変わってきているようで
ある。（2006）

A. に　　　　　B. が　　　　　C. へ　　　　　D. を

译文：年轻一代对工作的看法好像改变了。

句子的框架是：若い世代は　考え方が　変わる。

用法 6：提示定语从句中的主语，可用「の」代替。
【真题再现】
私（　D　）冷蔵庫に入れておいたケーキはだれが食べてしまったんで
すか。（2002）

A. は　　　　　B. と　　　　　C. で　　　　　D. が

译文：我放在冰箱里的蛋糕，谁吃了呢?

「私が冷蔵庫に入れておいた」（我提前放入冰箱的），作为定语修饰
「ケーキ」。

【〜がする】

【用法解说】
用于表示听觉、味觉、嗅觉、触觉、感觉。
例：音 / 声がする。
　　匂い / 香りがする。
　　味がする。

気／感じがする。

【真题再现】

さっき隣の部屋で人の話し声（　　D　　）しました。（2013）

　　　　A. へ　　　　　　B. を　　　　　　C. で　　　　　　D. が

译文：刚刚隔壁房间有人说话的声音。

パソコンから変な音（　　B　　）します。故障でしょうか。（2017）

　　　　A. を　　　　　　B. が　　　　　　C. に　　　　　　D. と

译文：电脑发出奇怪的声音。是不是坏了呢？

【～がち】

【用法解说】

接续：名词／动词ます形去掉「ます＋がち」。

表示容易发生某种情况，有某种倾向，侧重于表示这种情况频繁反复发生，多为负面评价，译为“往往，常常，动不动就……”。

【真题再现】

バスは最近遅れ（　　A　　）、だから、歩いて行こう。（2020）

　　　　A. がち　　　　B. ずつ　　　　　C. つらい　　　　D. にくい

译文：最近公交车动不动就晚点，走路去吧。

注意：B选项「ずつ」放在数量词后表示等量的分配或反复。

例：すこしずつ食べる。（一点一点地吃。）

　　一人に3枚ずつ配る。（每个人分配3张。）

第3讲

【き】

【きっかけ】

【用法解说】

「きっかけ」译为"契机""机遇""开端"，也可以使用「契機」。「～をきっかけに」表示"以……为契机"的意思，前项为后项的触发因素，「契機」更为正式，多用于正式场合。还可以使用「～をきっかけとして」「～を契機として」「～をきっかけにして」「～を契機にして」的形式。

【真题再现】

ロシアへの旅行（　D　）、その国の言葉を習い始めた。（2017）

　　　A.をもって　　　B.をこめて　　C.をはじめに　　D.をきっかけに

译文：以去俄罗斯旅游为契机，开始了俄语的学习。

【気にする】

【用法解说】"介意、在意、放在心上"，强调无法释怀，总是会想起来，他动词的用法。

【真题再现】

「昨日はお手伝いができなくてごめん。」

「いえ、（　C　）。」（2020）

　　　　A.気をつけてね　　　　　　B.気にかけてね

　　　　C.気にしないでね　　　　　D.気に入らないでね

译文："昨天没能帮上忙，抱歉。"

　　　　"没事，别放在心上呢。"

注意：A选项「気を付（つ）ける」指对某件事保持留心、注意、小心。

B选项「気にかける」指对人或事情关心、担心、顾虑。

例：そのことを気にかける。（担心那件事。）

D选项「気に入（い）る」指喜欢、满意、称心，自动词的用法。

例：ここでの生活が気に入っている。（很喜欢在这里的生活。）

　　　还可以使用名词形式「お気に入り（いり）の～」。

【～切る／切れない】

【用法解说】

接续：动词ます形＋切る。

构成复合动词，表示"到达极限"或"完全、彻底做完"，强调动作完成得彻底、状态所达到的程度很高。对应的可能形为：「～切れる」；可能形的否定式为：「～切れない」。

【真题再现】

こんなにたくさんの料理を並べられて、1人では（　B　）。（2011）

  A. 食べきれる   B. 食べきれない

  C. 食べ終わらない   D. 食べつづけない

译文：提供了这么多菜肴，一个人无法全部吃完。

注意：C选项的「动词ます形＋終わる」指的是时间上动作行为的完成、结束，「食べ終わらない」"没有吃完"，语义不通。

今度の会議は資料が多すぎて、1人ではどうしても持ち（　D　）んだよ。（2013）

  A. きる B. きれる C. きらない D. きれない

译文：这次会议资料太多了，一个人怎么也拿不了！

【気を付ける】

【用法解说】指对某件事保持留心、注意、小心。

【真题再现】

お客さんが来ますから、失礼なことをしないよう（　C　）ください。（2022）

  A. 気が付いて B. 気に入って C. 気を付けて D. 気になって

译文：有客人要来，所以请注意不要做没礼貌的事。

注意：「失礼なことをしないよう」即「失礼なことをしないように」，「ように」表示"注意"的内容。

A选项「気が付（つ）く」指之前没有意识到的事，现在意识到了，"意识到、注意到"。

例：間違いに気が付く。（注意到了错误。）

D选项「気になる」指让人担心、惦记，自动词的用法。

对比：私は試合に負けたことをずっと気にする。（我一直很介意输掉比赛。）主语是我；

試合に負けたことがずっと気になる。（输掉比赛这个事情让人很在意，时不时会让我想起来。）主语是输掉的比赛。

甲：「行ってきます。」
乙：「（　C　）、いってらっしゃい。」（2023）
　　　A.お帰り　　　B.失礼します　C.気をつけて　　D.お待ちです
译文：甲："我出发了。"
　　　乙："小心点，慢走"。

【～くらい／ぐらい】

【用法解说】

用法1．表示大概的数量，"大约、大概、左右、上下"。
例：日本語を2年くらい勉強しました。
　　（大概学了两年日语。）

用法2：以极端的例子，表示最低程度，"最起码……，至少……，……而已"。
【真题再现】
いくら忙しくても、電話する（　D　）の時間はあるだろう。（2007）
　　　A.まで　　　　B.だけ　　　　C.ほど　　　　D.くらい
译文：不管再怎么忙，最起码打个电话的时间应该有吧？

風邪（　D　）なら、1日ゆっくり休めば治ります。（2018）
　　　A.しか　　　B.ほど　　　C.ばかり　　　D.ぐらい
译文：只是感冒的话，好好休息一天就能恢复。

知っている人と道で会ったら、あいさつ（　D　）しましょうよ。（2021）
　　　A.ずつ　　　B.より　　　C.ばかり　　　D.ぐらい
译文：跟认识的人在街上遇到，至少打个招呼呀！

用法3：表示程度，"像……那样；到……程度"。
【真题再现】
あの姉妹は、本当によく似ている。電話の時など、親でも間違える（　A　）。（2006）
　　　A.くらいだ　　B.つもりだ　C.からだ　　　D.ものだ
译文：那对姐妹非常相像，打电话的时候，连父母都会弄错。

「親でも間違えるくらいだ」：姐妹两人模样相似到连父母都会弄错的程度。

最近仕事がたいへん忙しいので、時間たつのも忘れる（　B　）だ。（2009）
　　　A. つもり　　　　B. くらい　　　C. から　　　　　D. もの
译文：最近工作很忙，忙到忘记时间的程度。

【～くらいなら～ほうがいい／ほうがましだ】"与其／如果……，不如……"。
【真题再现】
転勤でそんな遠いところに行かされる（　C　）なら、会社をやめたほうがいい。（2003）
　　　　A. ほど　　　　B. ばかり　　　C. くらい　　　D. だけ
译文：如果因为调职而被迫去那么偏远的地方，倒不如辞职更好。

【こ】

【こ、そ、あ、ど】
【用法解说】
除了有位置指示的用法外，还有"文脉指示"的用法：【こ系列】"这样"，一般指接下来要说的事（导入话题）；或者自己知道而对方不清楚的事（信息属于说话者）。【そ系列】"那样"，一般指前文刚说过的事；或者对方知道而自己不清楚的事（信息属于听话者）。【あ系列】信息属于说话者和听话者双方共有，即双方都了解的内容或共同经历过的事情。
【真题再现】
来週また来るから、（　B　）ときまでにこれについて考えておいてね。（2003）
　　　A. この　　　　B. その　　　　C. あの　　　　D. どの
译文：下周还会再来，所以在那之前请思考一下这个（事情）。
注意：「そのとき」即前面提及的时间"下周"。

（　D　）すれば、きれいに野菜が切れるんです。（2006）
　　　A. これ　　　　B. こんな　　　C. この　　　　D. こう
译文：这样做的话，蔬菜就能切得很漂亮。
注意：A选项为事物指示代词，用于代替事物。B选项为连体词，后面要

接名词，表示"这样的"。C选项为连体词，后面要接名词，表示"这个／这种"。D选项为副词，后面使用动词，表示"这样做"，类似的表达还有「このように」。

「うみ」という言葉は漢字で（　B　）書きますか。（2008）

      A. どこ   B. どう   C. どの   D. どんな

译文：「うみ」这个单词用汉字怎么写？

注意：同上的2006年真题，B选项为副词，表示"怎么写"，还可以表示为「どのように書きますか」。

「きみ、3年前、いっしょに修学旅行をしたこと、覚えている？」

「（　C　）ときのことなら、よく覚えているよ」（2009）

      A. この   B. その   C. あの   D. どの

译文："你还记得三年前（我们）一起休学旅行的事吗？"

      "那个时候的事呀，记得可清楚呢！"

注意："那个时候"指三3年前一起修学旅行的时候，双方共同经历过的事情，所以使用"あ系列"。

（　B　）すれば、きれいに字がかけるんです。（2010）

      A. これ   B. こう   C. この   D. こんな

译文：这样做的话，字就能写得很漂亮。

受付に佐藤さんという人が来ていますから、（　B　）人にこの資料を渡してください。（2012）

      A. この   B. その   C. あの   D. どの

译文：前台来了个叫佐藤的人，请把这份资料交给那个人。（刚刚出现的人再次提及）。

「あの人は、大学生の子供がいるそうですよ。」

「本当？（　C　）は見えませんね。」（2013）

      A. どう   B. こう   C. そう   D. ああ

译文："听说那个人有个读大学的孩子呢。"

      "真的吗？看上去不像那样呀"（不像有个读大学的孩子的样子，即：看不出来她的孩子那么大了。）

注意：そう見えます⇒そう（は）見えません。"看不出来是那样呀"。

「あのう、中国から参りました劉でございます。どうぞよろしくお願い
します。」
「初めまして、田中でございます。（　A　）よろしくお願いします。」
（2016）
　　　A．こちらこそ　　B．そちらこそ　C．あちらこそ　　D．どちらこそ
译文："那个，我是来自中国的小刘，请多多关照。""初次见面，我是田中。
我才需要您多多关照。"
注意：「こちら＋こそ」，「こちら」指的"我、我方"，礼貌的说法。

どうぞ、お入りください。わたしの部屋は（　A　）感じですが。（2018）
　　　　A．こんな　　　　B．そんな　　　　C．あんな　　　D．どんな
译文："请进。我的房间是这样子"。
注意：「こんな感じ」说话者指示眼前的事物／状态。

明日の発表は最初が山田さん、（　B　）次が田中さんです。（2020）
　　　A．それ　　　　　B．その　　　　　C．そこ　　　　D．そんな
译文：明天的发表会第一个是山田，其次是田中。

「友たちにすぐ四川料理ができる人がいるよ。」
「へえ、ぜひ（　B　）方に教えてもらいたいね。」（2021）
　　　A．この　　　　　B．その　　　　　C．あの　　　　D．どの
译文："我的朋友里有个很会做四川菜的人哦。""诶，我真想请那个人
教一下我（做四川菜）呢。"

【こそ】

【用法解说】提示并突出强调，用于区别其他事物或情况，意思是"才……
正是……"。

【真题再现】

いまだから（　A　）どこへでも行けるが、昔は海外へ出るのは容易な
ことではなかった。（2003）
　　　A．こそ　　　　B．さえ　　　　C．だけ　　　　D．まで
译文：正因是现在才能哪里都可以去，可是以前连出国都不是件容易的事。

難しいから（　A　）おもしろいんだ。（2017）
　　　A．こそ　　　　B．さえ　　　　C．だけ　　　　D．まで

译文：正因为困难才有趣。

もういろいろ考えてきたから、今（　B　）決心する時だ。（2021）
　　　　A. さえ　　　　　B. こそ　　　　　C. にも　　　　　D. とも
译文：已经考虑再三了，现在正是下定决心的时候。

【こと】
【真题再现】
太郎が大学を卒業した（　A　）は母から父に伝えられた。（2004）
　　　　A. こと　　　　B. の　　　　　C. もの　　　　　D. はず
译文：妈妈告诉了爸爸，太郎大学毕业了。
注意：本题的「こと」是形式名词，把「太郎が大学を卒業した」这个动作行为名词化后成为句子主题。另外，使用了倒装和被动形，因此翻译成中文的时候，按照中文的习惯常常会调整语序及变成主动态进行陈述。

学生一人一人の（　D　）を考えながら授業をしなければなりません。
（2019）
　　　　A. まま　　　　　B. ほう　　　　　C. うえ　　　　　D. こと
译文：必须一边考虑每个学生的情况一边上课。
注意：「こと」原意表示"事情"，本题用于泛指"情况、相关事情"。
类似的用法：君のことが好きだ。（我喜欢你）。李さんのことは一生忘れられない。（一辈子也忘不了小李）。

【动词基本形＋ことがある】
【用法解说】
表示有时会发生某种事态或有时会做某事，"有时候……"。
对应的否定式为：【动词ない形＋ことがある】，表示有时不做某动作或不会发生某种事态，"有时候不……"。
【真题再现】
日本人の話は最後まで言わないで、終りが不完全なまま終わってしまう
（　C　）。（2002）
　　　　A. ことがない　　　　　　　B. ものがない
　　　　C. ことがよくある　　　　　D. ものがよくある
译文：日本人的谈话，有时候不说到最后，结尾部分没讲完就结束。

注意：C 选项的「よく」表示"常常、经常"之意。

【动词た形＋ことがある】
【用法解说】
表示曾经有过某种经历，一般是距离现在已经有一段时间，不能用于描述如"昨天""刚才"等距离现在很近的时间里发生的事情，"曾经……过"。对应的否定式为：【动词た形＋ことがない】，"还没/不曾……过"。注意：由于是站在现在的角度去陈述过去的经历，因此本句型的句末只能使用现在时态，而不能使用过去时态。

【真题再现】
もし、何か（　B　）ことがあったら、私たちに相談してください。（2004）
　　　A. 困っていた　　B. 困った　　　C. 困る　　　　D. 困られる
译文：如果有什么困难的事，请和我们商量。
注意：本题并非表示曾经有过某种经历的句型。「困った」修饰「こと」，表示"困扰的事情"，动词た形表示已经发生/完成的状态。

【动词基本形＋こと／ことだ／ことです／ことである】
【用法解说】
表示忠告、建议，"最好……，应该……"。
对应的否定式为：【动词基本形＋ことが／は　ない】，"不应该……，不必要……"。
＊【动词ない形＋こと／ことだ／ことです／ことである】："最好不做……"。

【真题再现】
彼の方が悪いんだから、何もきみが謝る（　A　）。（2002）
　　　A. ことはない　　B. ことはある　C. ことである　　D. ことではない
译文：是他不对，所以你不必道歉。

この本はおもしろかったけど、2千円も出して買う（　C　）ね。（2003）
　　　A. ほどのことはある　　　　　　B. ぐらいいい
　　　C. ほどのことはない　　　　　　D. ぐらいよくない
译文：虽然这本书很有趣，但是也不必要花 2000 日元（那么多）去买。
注意：「ほどのこと」表示"到达……程度的事情"。

仕事は信用が第一である。仕事で成功するためには、まず他人に信用さ

せる（　C　）。（2005）

  A. ほどである　　B. からである　C. ことである　　D. ものである

译文：工作是信任第一。为了在工作上获得成功，首先应该让别人信任。

「他人に信用させる」：使役形，"让别人相信、信任"，即"获得别人的信任"。

かれのほうが悪いんだから、きみのほうから謝りに行く（　　B　）はないよ。（2005）

  A. もの　　　　　B. こと　　　　　C. しか　　　　　D. ところ

译文：是他不对，所以你不必去道歉。（与2002年真题类似。）

人に信用されるには、まず自分がうそをつかない（　　A　）。（2006）

  A. ことだ　　　B. つもりだ　C. からだ　　　D. わけだ

译文：为了被别人信任（即：让别人信住／获得别人信任），首先自己最好不撒谎。

「嘘（うそ）をつく」：撒谎。

ごみはそれぞれ自分でちゃんと片づける（　　A　）。（2015）

  A. こと　　　　B. うえ　　　　C. かぎり　　　　D. とおり

译文：垃圾应该各自好好收拾。

その日に習ったことは、その日に覚えてしまう（　　B　　）です。（2018）

  A. まま　　　　B. こと　　　　C. うち　　　　D. ところ

译文：当天学的东西应该当天全部记住。

【ことだから】

【用法解说】「こと」用于指代与人相关的事情，「～のことだから」表示从彼此都了解的情况来判断，从而推测出的结论。前接说话人判断的依据，后项陈述推测的结论。注意：常常使用「人＋のことだから」，表示基于对那个人的了解而做出的推测结论。

【真题再现】

彼女の（　　A　　）だから、何をされても許してあげたいです。（2022）

  A. こと　　　　B. もの　　　　C. はず　　　　D. わけ

译文：因为是她，所以不管她做了什么（即我被她所做的事情伤害了）我都想原谅她。

【～ことに】

【用法解说】

接续：动词た形／イ形容词基本形／ナ形容词词干＋な～ことに

前面使用表示人的感情、感觉的词汇，"令人……的是"。表示说话人对发生的事情感到惊讶、产生喜怒哀乐等强烈的感觉，后项不使用请求、推测、意志、希望等表达。

【真题再现】

困った（　C　）、相手の名前がどうしても思い出せなかった。（2002）
　　　　A. せいか　　　B. ように　　　C. ことに　　　D. とおりに
译文：令人烦恼的是，怎么也想不起来对方的名字了。

おもしろい（　B　）、このクラスには同じ名前の学生が3人もいる。
（2005）
　　　　A. ながら　　　B. ことに　　　C. なんて　　　D. ように
译文：令人觉得有趣的是，这个班有三个学生同名。

驚いた（　B　）、あの人は半年で10キロも痩せました。（2017）
　　　　A. ものだ　　　B. ことに　　　C. ものに　　　D. ことで
译文：令人震惊的是，那个人半年竟然瘦了10公斤。

【～ごとに】

【用法解说】

接续：名词／动词基本形＋ごとに。

译为"每次……"，表示随着前述事项的重复或数量、程度有规律地增减，后述状态也相应地发生变化。

例：「一雨ごとに暖かくなる」"一场春雨一场暖"，即每下一场春雨，天气就暖和一点。

　　「会う人ごとに頼む」"逢人便求"，即见到一个人就拜托一个人。

对比：【名词＋ごと】表示"连带着，连同……一起"。

例：りんごを皮ごと食べる。（带皮吃苹果。）

【真题再现】

買ってきた野菜は日がたつ（　B　）栄養が失われていきます。（2015）
　　　　A. ままに　　　B. ごとに　　　C. 以外に　　　D. とおりに
译文：买回来的蔬菜每过一天营养就会流失。（即：随着时间过去，营养

不断地流失。）

注意：「たつ」表示时间经过、流逝，可以写成汉字「経つ」。「日がたつ」日子一天天过去。

【～ことにする】

【用法解说】

接续：动词基本形／动词ない形＋ことにする。

表示说话人的决定或意志，"决定要做／不做某事"。常常使用过去时态，强调说话人已经做了决定／下了决心。

注意：「名词にする」可以表示"决定、选择……"。

例：今日の朝ご飯は何にしますか。パンにします。

　　本句型的"动词基本形／动词ない形＋こと"对应了名词，因此可以理解为"决定、选择做某事"，表示说话者做某事的决定、意志。

【真题再现】

いろいろ考えた後、やはり大学進学をあきらめる（　B　）にした。（2009）

　　　A. もの　　　　B. こと　　　C. わけ　　　　D. ところ

译文：多方考虑以后，还是决定了放弃上大学。

わたしは普段、昼間はテレビを見ないことに（　C　）。（2020）

　　　A. なった　　　B. 決まる　　　C. している　　　D. なる

译文：我平时白天不看电视。

注意：「ことにしている」表示因某种主观决定做出的决定而形成的习惯，以前做的决定，养成了现在的习惯。

【～ことになる】

【用法解说】

接续：动词基本形／动词ない形＋ことになる。

意思：表示由于外在原因（非个人意志决定）导致了某种结果，或形成了某个决定，"要……了，定下来……了"，"定下来不……了"。

注意：「～ことになっている」用于表示客观规定的事情形成了一种规章制度等长期的状态，多用于说明一些惯例、日常生活中的规定、法律、纪律等。

【真题再现】

この町では、ごみを出すとき、燃えるごみと燃えないごみに分ける（ B ）。（2005）

  A. ものになっている   B. ことになっている

  C. というものではない   D. というべきである

译文：在这个城市，扔垃圾的时候，规定要分开可燃垃圾和不可燃垃圾。

注意：扔垃圾的制度，是一种长期的规章制度，长期的状态，所以使用「ことになっている」。

試験開始後 15 分以上遅刻した場合、試験会場には入れない（ C ）。（2010）

  A. ものにしている   B. ものでもない

  C. ことになっている   D. わけにはいかない

译文：考试开始后迟到超过 15 分钟的情况，规定不能进入考场。

この学校では、テストの結果をもとにクラス分けをする（ B ）になっている。（2016）

  A. もの   B. こと   C. わけ   D. ところ

译文：在这所学校，规定以考试结果（即成绩）为依据来分班。

「〜をもとに」："以……为依据，基于……"。

長城高校では、毎年 5 月に文化祭が行われる（ D ）。（2021）

  A. ようにしている   B. からなっている

  C. ことをしている   D. ことになっている

译文：在长城高中，每年 5 月都会举行文化节。

【ことに（は）ならない】

【用法解说】

接续：动词た形＋ことに（は）ならない

译为"不能算是……"。

【真题再现】

本やインターネットの資料を写しただけでは、レポートを書いた（ C ）。（2008）

  A. ことになる   B. ことにする

  C. ことにはならない   D. ほかはない

译文：如果只是照搬书本中的或者是网上的资料，那不能算是你写的报告。

第4讲

【さ】

【～最中】

【用法解说】

接续：名词の／动词ている ＋最中（に）

表示"正在进行中、最盛的时候、最高潮的时候"，发生了后项，此时后项多为突然出现的意外事情。

【真题再现】

友達の家へ行ったら、ちょうど昼食の（　C　）で、「いっしょにどうですか。」と言われて、ごちそうになってしまった。（2002）

　　　A. 中　　　　B. 内　　　　C. 最中　　　　D. 真ん中

译文：去到朋友家，（发现朋友）正在吃中午饭，被朋友邀请"一起吃吧"，就在朋友家吃饭了。

電話（　C　）最中に、だれかが玄関に来た。（2006）

　　　A. する　　　B. した　　　C. している　　　D. して

译文：正在打着电话，有人到门口来了。

【さえ】

【用法解说】

接续：名词＋さえ

译为"连……都……，甚至……"。举出一个极端的例子，从而类推其他一般性事例，用于表示逻辑的起点。

「～さえ～ば」：表示要后项成立，只需要前项的条件实现就可以了，其他都不需要，即唯一必要条件。

例：これは薬を飲みさえすれば治るという病気ではない。入院が必要だ。

　　（这不是只要吃药就能治好的病，必须要住院治疗。）

【真题再现】

天気（　B　）よければ、楽しい旅行になるでしょう。（2004）

　　　A. なら　　　B. さえ　　　C. こそ　　　D. だけ

译文：只要天气好，就会是愉快的旅行吧。

注意：天気がいい⇒天気さえよければ（助詞が省略了）。

その天才少女は、先生（　D　）解けなかった難問を簡単に解いてしまった。（2008）

     A.までは　　　　B.こそ　　　　　C.だけに　　　　D.でさえ

译文：连老师都解答不了的难题（非常难的题目），那个天才少女轻松地解答出来了。

（连最难的题目都能解答出来，类推至解答其他简单的题目不在话下）。

注意：人物名词常常加「で」后再加「さえ」。

道に迷っても、詳しい地図さえ（　A　）大丈夫ですよ。（2010）

     A.あれば　　　B.あっても　　C.なければ　　　D.なっくても

译文：即使迷路了，只要有详细的地图就没问题。

注意：詳しい地図がある⇒詳しい地図さえあれば。

【し】

【简体形＋し】

【用法解说】「し」表示列举事实作为后项的理由，言外之意还有其他理由。

【真题再现】

今日は午後から雨（　D　）、家でのんびりとアニメでも見ようか。（2023）

     A.まで　　　　B.しか　　　　C.より　　　　D.だし

译文：今天下午开始就要下雨了，就在家里悠哉悠哉地看看动画片什么的吧。

【しか～ない】（否定式）

【用法解说】「しか」放在要限定的内容后面，句末谓语使用否定式，表示"只、仅仅"的意思。

【真题再现】

田中さん、その店の勘定はカードしか（　C　）よ。（2019）

     A.できます　　B.うります　　C.できません　　D.うりません

译文：田中，那家店的付款只能刷卡哦。

【しかない】

【用法解说】 "只有……，只好……，别无他法"。

【真题再现】

彼の言うことも分からないではないが、約束した以上（　D　）。（2004）

　　　　A. やりきれない　　　　　　　　B. やりおわらない

　　　　C. やることしかない　　　　　　D. やるしかない

译文：他所说的也不是不理解，但是既然约定了（说好了），就只能做了。

「動詞た形＋以上」："既然……"。

【す】

【～すぎる】

【用法解说】

接续：动词ます形去掉ます／イ形容词去掉词尾い／ナ形容词词干＋すぎる

译为"过分、过度"。表示程度已经超过了刚合适的限度，属于负面评价，注意：「动词ます形去掉ます／イ形容词去掉词尾い／ナ形容词词干＋すぎ」变成一个名词。

【真题再现】

環境破壊の問題は、これから世界の最も重要な課題になると（　A　）。（2004）

　　　　A. 言ってもいいすぎではない　　B. はかぎらなかった

　　　　C. 言っても言いすぎる　　　　　D. は限っている

译文：环境破坏问题会成为今后世界最重要的课题，即使这么说也不过分。

この靴、ちょっとぼくには（　B　）過ぎるよ。（2005）

　　　　A. 大きい　　　B. 大き　　　C. 大きく　　　　D. 大きさ

译文：这双鞋对我来说，有点偏大了呀。

コーヒーの（　A　）すぎに注意しましょう。（2013）

　　　　A. 飲み　　　　B. 飲む　　　　C. 飲んで　　　D. 飲もう

译文：我们要注意别喝太多咖啡。

【～ずに】

【用法解说】

接续：动词ない形去掉ない＋ずに。其中「する」要变成「せず」。

表示后项动作是在前项的否定状态下进行的，"不……（就）……"，同「动词ない形＋で」。

【真题再现】

分からないことは、何でも遠慮（　C　）聞いて、確認しましょう。（2016）

　　　A.しない　　　B.しなく　　　C.せずに　　　D.しなくて

译文：有不明白的地方，什么都不用客气，去询问确认吧。

注意：D选项しなくて表示轻微的原因。

雨の日も風の日も1日も練習を（　A　）頑張った自分はすごいと思います。（2019）

　　　A.休まずに　　B.休み　　　　C.休んで　　　D.休んだ

译文：无论是刮风还是下雨我都一天都不休息地练习，我觉得这么努力的自己很了不起。

注意：「单一数量词＋も＋否定」表示全盘否定，"一天也没休息"。

【せ】

【～せいか/～せいで】

【用法解说】

表示不好的原因、理由。

「～せいか」：不确定的原因、理由。"也许是因为……"（不好的原因理由）。

「～せいで」："因为……"（不好的原因理由）。

【真题再现】

昨日徹夜した（　B　）、今朝時間どおりに起きられなかった。（2005）

　　　A.おかげで　　B.せいで　　　C.かわりに　　　D.ほかに

译文：因为昨天熬通宵了，所以今天早上没能按时起床。

雨が降っている（　C　）、きょうはお客さまが少ないですね。（2009）

　　　A.限り　　　　B.のに　　　　C.せいか　　　D.より

译文：也许是因为下雨，今天客人很少呢。

ゆうべお茶を飲みすぎた（　B　）か、よく寝られなかった。（2014）

　　　A.もの　　　　B.せい　　　　C.こと　　　　D.おかげ

译文：也许是因为昨晚喝太多茶了，没睡好。

花粉症の（　A　）、勉強や仕事に集中できなくて困っている。（2023）
　　　A. せいで　　　　B. もので　　　　C. わけで　　　　D. おかげで
译文：由于花粉症的缘故，没法集中学习、工作，所以正犯愁。

【ぜひ～】
【用法解说】
用法 1：名词，表示"是非、好坏"。
用法 2：副词，表示强烈的愿望或请求，后项常常呼应使用「～ます」「～たいです」「～てください」「～なさい」「～お願いします」「～ほしい」「～ましょう」等。
【真题再现】
レベルの高い日本語をマスターするために、敬語を（　B　）覚えよう。（2005）
　　　　A. やっと　　　B. ぜひ　　　　C. きっと　　　　D. けっして
译文：为了掌握高水平的日语，一起来学习敬语吧。
「ぜひ覚えよう」中「覚えよう」是「覚えましょう」的简体形。

皆さんここに（　B　）読んでもらいたい本ありますよ。（2011）
　　　　A. きっと　　　B. ぜひ　　　　C. たしか　　　　D. まったく
译文：各位，这里有（我）特别希望（你们）看的书。

【そ】

【そうだ】
用法 1：简体形小句＋そうだ，表示传闻，"听说……"。
【真题再现】
父は若いときは医者に（　C　）。（2011）
　　　　A. なりそうです　　　　　　B. なりそうでした
　　　　C. なりたかったそうです　　D. なりたいそうでした
译文：听说爸爸年轻时想当医生。

新聞に（　C　）、近年来、大学受験生の人数はだんだん減っているそうです。（2022）

  A. つれて B. ついて C. よると D. とって

译文：据新闻报道，近年来，参加高考的人数在渐渐减少。

注意：C 选项表示消息的来源，译为"根据……"。

用法 2：前接动词ます形去掉ます、イ形容词和ナ形容词的词干，表示说话人对人或事物样态的观察、判断或推测，译为"看起来……"，"看样子……"。

【真题再现】

こんなたくさんのごちそう、わたし1人ではとても（　B　）。（2002）

  A. 食べられないそうです B. 食べられそうもありません

  C. 食べないそうです D. 食べそうもありません

译文：这么多的美食，我一个人的话看样子怎么也吃不了。

注意：食べられる⇒食べられます⇒食べられそうだ⇒食べられそうもない（否定式）

（　A　）と思って急いで教室へ行ってみたら、まだだれも来ていなかった。（2003）

  A. 遅れそうだ B. 遅れるそうだ C. 遅れのようだ D. 遅れようだ

译文：感觉看样子要迟到了，就急忙赶去教室，结果还没有人来。

宿題が多すぎて、あしたまでに（　C　）。（2004）

  A. 終わらなさそうだ B. 終わらなそうだ

  C. 終わりそうもない D. 終わりそうだ

译文：作业太多，看样子到明天也做不完。

注意：終わる⇒終わります⇒終わりそうだ⇒終わりそうもない（否定式）

今晩、会社で残業するから、帰りが遅く（　B　）だけど、大丈夫か。（2008）

  A. なりよう B. なりそう C. なりたい D. なろう

译文：今晚在公司加班，所以看样子回去会很晚，没问题吗？

まだまだ時間があると思っていたけれど、このスピードでは約束の時刻に（　D　）。（2010）

  A. 間に合うべきだ B. 間に合うはずだ

  C. 間に合うことはない D. 間に合いそうもない

译文：虽然之前觉得有充分的时间，但按照这个速度的话，看样子赶不及约定的时间。

花子さんはいつもにこにこしていて、（ C ）方ですね。（2011）
    A. やさしみたい   B. やさしらしい
    C. やさしそうな   D. やさしような
译文：花子总是笑眯眯的，看起来是好温柔的人呀！
注意：やさしい⇒やさしそうだ⇒やさしそうな＋名词

庭の花は気持ち（ D ）太陽の光を浴びている。（2012）
    A. いいそうに B. いさそうに   C. よいそうに   D. よさそうに
译文：院子里的花好像在惬意地沐浴着阳光。
注意：いい⇒よい⇒よさそうだ⇒よさそうに＋动词

難しく（ B ）なら、私がやって見ます。（2013）
    A. なそう   B. なさそう   C. なくそう   D. ないそう
译文：如果不难的话，我来试试看。
注意：難しい⇒難しくない⇒難しくなさそうだ

お母さんは子供に肩を揉んでもらって、気持ち（ B ）でした。（2014）
    A. いいよう   B. よさそう   C. いいみたい   D. よいらしい
译文：妈妈让孩子揉肩，看样子很舒服。
注意：気持ちいい⇒気持ちよい⇒気持ちよさそうだ

行かなくてもいいと思っていたが、やはり行ったほうがよさ（ B ）です。（2016）
    A. よう   B. そう   C. みたい   D. わしい
译文：虽然之前觉得不去也没关系，但（现在）看来还是去比较好。

おいし（ C ）料理ですね。誰が作ったの？（2018）
    A. そうだ   B. そうで   C. そうな   D. そうに
译文：看起来好美味的饭菜呀。谁做的？
注意：おいしい⇒おいしそうだ⇒おいしそうな＋名词。

天気図を見ると、関東地方は雨が降り（ A ）です。（2020）
    A. そう   B. よう   C. らしい   D. みたい

译文：看天气图，关东地区好像要下雨的样子。

電池が（　B　）になったら、交換してください。（2021）
　　　　A. 切れる　　　B. 切れそう　　　C. 切れよう　　　D. 切れるらしく
译文：眼看电池快用完了，请更换一下。

オリンピックの試合を見ながら、感動して泣き（　D　）時がありますか。
（2022）
　　　　A. ような　　　B. らしい　　　C. みたい　　　D. そうな
译文：你有过一边看奥运会的比赛一边感动得要哭的时候吗？

第 5 讲

【た】

【～たい】

【用法解说】

接续：动词ます形＋たい

用于表示第一人称想做某事，或询问第二人称是否想做某事。

【真题再现】

子供が病気で苦しんでいる。代われるものなら、わたしが代わって
（　B　）。（2003）

  A. ください B. やりたい C. もらいたい D. くれたい

译文：孩子因为生病而痛苦。如果能代替的话，我想为孩子代替（即代替孩子生病受苦）。

「～てやる」：为他人做某事。

外国人登録について（　B　）が、何番の窓口でしょうか。（2007）

  A. お聞きです   B. 聞きたいんです

  C. 聞くことです   D. お聞かせです

译文：我想问一下关于外国人登记的事，是几号窗口呀？

本题的「が」是顺接，用于承接前项内容，继续展开。

国民保険のことについて（　B　）が、何番の窓口でしょうか。（2008）

  A. お聞かせです   B. お聞きしたいんです

  C. 聞かれたいんです   D. お聞きです

译文：我想询问一下关于国民保险的事，是几号窗口呀？

「お聞きする」是「聞く」的自谦表达。

わたしは講座を聞きに（　C　）が、授業があるので、行けない。（2019）

  A. 行く B. 行った C. 行きたい D. 行かない

译文：我想去听讲座，但是有课，所以去不了。

君の（　B　）時にいつでも来てください。（2020）

  A. 来い B. 来たい C. 来ない   D. 来れば

译文：请你在你想来的时候随时过来。

李さんは日本へ行ったら、相撲が（　D　）。（2021）

  A. 見たい   B. 見たかった

  C. 見たがると言っている   D. 見たいと言っている

译文：小李一直说，他要是去了日本，想看相扑。

注意：本题是小李说自己想看相扑，「と」提示引用的内容，即小李站在自己的立场，陈述自己想做某事，所以选择 D 选项。如果没有后面的「と言っている」，则需要用「見たがる」。

あなたが今いちばん見（　A　）アニメは何でしょう。（2022）

  A. たい   B. たがる   C. たかった   D. たがった

译文：你现在最想看的动画片是什么？

【～たがる】

【用法解说】

接续：动词ます形＋たがる

表示第三人称想做某事。

【真题再现】

王さんは留学してまだ半年だが、家族のことが心配で国に帰り（　D　）。（2014）

  A. たい   B. よう   C. らしい   D. たがっている

译文：虽然小王留学才半年，但他很担心家人，想回国。

父はお酒を飲むと、人前でも大きな声で歌い（　D　）。（2015）

  A. たい   B. ない   C. ほしい   D. たがる

译文：爸爸一喝酒，即使在众人面前也想大声唱歌。

スキーが上手な妹は、小さい時から冬になるといつもスキーに（　C　）。（2016）

  A. 行きたいです   B. 行かれました

  C. 行きたがります   D. 行きたかったです

译文：擅长滑雪的妹妹，从小时候开始，一到冬天就总是想去滑雪。

あの人はいつも新しいことをやり（　B　）。（2017）

  A. たい   B. たがる   C. ようたい   D. らしい

译文：那个人总是想尝试新事物。

ほら、見て、あの犬が道路を（　B　）いる。（2020）
　　　A. 渡りたい　　　B. 渡りたくて　C. 渡りたがる　　D. 渡りたがって
译文：哎，你看，那条狗想过马路。

【～だけ】
【用法解说】
用法 1：表示限定范围、数量、最低限度，译为"只、仅仅"。
【真题再现】
父親は平日は忙しいので、日曜日（　D　）は子どもとゆっくり遊びたいと考えている。（2006）
　　　　　A. まで　　　　B. から　　　　C. さえ　　　　　D. だけ
译文：父亲平时很忙，所以想着起码星期天陪孩子们好好玩耍。
注意：「だけ」表示最低限度，平时很忙，无法陪伴孩子，"起码"星期天要陪伴。
「父親は～遊びたいと考えている」：如果没有后面的「と考えている」的话，就不能使用「父親は～遊びたい」了，因为"父亲"是第三人称。但是后面有「と考えている」，表示的是引用父亲考虑的内容，即站在父亲的角度进行第一人称的思考，所以使用了「遊びたい」。

これはね、見る（　B　）では、その意味や内容が分からないのよ。（2013）
　　　A. しか　　　　B. だけ　　　　C. でも　　　　　D. ほど
译文：这个呀，仅仅看的话，是没办法理解它的意思和内容。

中村さんから借りた本は 1 冊（　D　）です。（2019）
　　　A. も　　　　　B. と　　　　C. のに　　　　D. だけ
译文：从中村那里借的书只有一本。

メール（　B　）では失礼でしょう。（2021）
　　　A. しか　　　　B. だけ　　　C. ほど　　　　D. まで
译文：只发邮件的话很没礼貌吧。

これは見ている（　C　）でも元気になる、素晴らしい。（2022）
　　　A. まで　　　　B. さえ　　　C. だけ　　　D. ほど

译文：这个只是看着也能恢复精神，很棒。

用法2：「だけ」表示程度时，分成以下三类：

（1）【动词原形＋だけ＋同一动词】表示能做到的程度，后项多接含有"不能期望更多"的意义的句子。例：やるだけはやったのだから、静かに結果を待とう。

（2）【动词たい＋だけ＋同一动词】表示满足所要达到的程度，可以灵活翻译为"尽情地""随心所欲地"做到想要做的程度。例：遠慮しないで食べたいだけ食べなさい。（たい还可以换成「好なだけ」「ほしいだけ」等类似的表情感的表达）。

（3）【动词可能形＋だけ＋同一动词】表示能做到的最高程度，即尽全力地、尽可能地。例如：「できるだけ」「そのリンゴ、持てるだけ持って行っていいよ」。

【真题再现】

何でもいいから、好きな（　B　）持っていきなさい。（2002）
　　　　A.ほど　　　　　B.だけ　　　　　C.まで　　　　　D.でも
译文：什么都行，你就把你喜欢的都拿走吧。

「好きなだけ」：喜欢的程度。所以"请拿走"这个动作可以做到随心所欲的程度，也就是"想拿多少就拿多少"。

【～だけでなく～】"不只、不仅仅……，而是……"。

【真题再现】

彼は歌が上手な（　A　）、自分で曲も作る。（2013）
　　　　A.だけでなく　　　　　　　　B.はずでなく
　　　　C.ほどでなく　　　　　　　　D.ものでなく
译文：他不仅唱歌好，自己也作曲。

「だけ」体言，前面使用「上手な」来修饰。

【だって】

【用法解说】口语表达。

用法1：做接续词，单独使用，多用于解释、辩解，"因为……嘛"。

用法2：【简体句＋って】，相当于「～と」，表示引用。

例：明日、試験だって？うそ、知らないかったの！（明天考试？不会吧，

我不知道!)

指的是听到对方或什么人说明天要考试,说话者把内容引用出来。

【真题再现】

「まだその小説読んでるの。」

「(B)500 ページもあるんだもの。」(2015)

      A. しかし   B. だって   C. ただし   D. だけど

译文:"你还在看那本小说呀。"

      "因为有 500 页那么多呀!"

「だって~んだもの」用于解释、辩解,句末呼应使用了强调的表达。

【たとえ~ても】

【用法解说】

「~て」指的是各种词的て形。表示就算前项成立,后项也不会因此受到影响。"哪怕/不管/即使……也……"。其实跟「~ても」是一样的意思,但是前面多了「たとえ」,语气更强烈。也可以使用「どんなに~ても」「いくら~ても」。

【真题再现】

(A)ほかの人が何と言っても、わたしはあなたの言うことを信じます。(2003)

      A. たとえ   B. たとえば   C. たえず   D. たまに

译文:不管其他人说什么,我相信你说的。

たとえ(A)ても、家族一緒に暮らせるのが一番だ。(2007)

      A. まずしく   B. さびしく   C. かなしく   D. めずらしく

译文:即使贫穷,能和家人一起生活是最好的。

貧しい(まずしい)⇒まずしくて+も译为"即使贫穷"

たとえみんなに(B)、わたしは絶対にこの計画を実行したい。(2008)

      A. 反対されると   B. 反対されても

      C. 反対しても   D. 反対すれば

译文:哪怕被大家反对,我也一定要实行这个计划。

みんなに反対される⇒みんなに反対されても

(C)反対する人が多くても、正しいと信じることは、はっきりと

主張しよう。（2015）

    A.もし   B.もしも   C.たとえ   D.たとえば

译文：即使反对的人很多，也要明确地主张自己认为正确的事。

A选项「もし」译为"如果……"，后接表示假设的句子，「もし～たら／ば／なら」。

例：もし困ったことがあったら、いつでも相談してください。（如果有什么困难的话，请随时找我谈。）

B选项「もしも」译为"如果……的话"，「もしも～たら／ば／なら」，常用于假设发生不好的事情的场合。例：もしも私が遅れたら、先に行ってください。（万一我来晚了，请你先去吧。）惯用表达「もしものこと」，表示意外情况、三长两短。

D选项「例えば（たとえば）」：表示举例。例：私は日本の伝統的なもの、たとえば、歌舞伎などが好きです。（我喜欢日本传统艺术，例如歌舞伎。）

いくら（　D　）、どこからか砂が入ってくるので困っている。（2015）

    A.掃除する   B.掃除して   C.掃除した   D.掃除しても

译文：不管怎么打扫，都会不知道从什么地方进来沙子，真头痛。

【たびに】

【用法解说】

接续：动词基本形＋たびに／名词＋の＋たびに。

表示每当做前项事情的时候，就会做后项的事情；或者每当前项发生的时候，总会伴随着后项的出现，译为"每当／每次……就……"。如果后项是表示变化的词，则表示随着前项的反复出现后项也在发生变化。由于是经常发生的事情，所以动词基本上不使用过去时。

【真题再现】

この曲を聞く（　D　）、ふるさとを思い出す。（2005）

    A.だけに   B.かぎり   C.ところ   D.たびに

译文：每次听这首曲子，就会想起家乡。

父は出張の（　C　）に、お土産を買ってきてくれる。（2012）

    A.とおり   B.まま   C.たび   D.ほど

译文：爸爸每次出差，都会给我买回来手信。

失敗の（　B　）成長があると信じて努力している。（2023）

　　　　A. ほど　　　　　B. たびに　　　　C. ほうに　　　　D. とおりに

译文：（我）相信每次失败都会有（带来）成长，就这样一直努力着。

【～ためか】

【用法解说】"也许是因为……吧"，「か」表示不确定。

【真题再现】

日間も夜中まで働いていた（　A　）か、2キロも痩せた。（2021）

　　　　A. ため　　　　　B. まま　　　　C. うえ　　　　　D. もと

译文：可能是连续3天工作到半夜的缘故，竟然瘦了2公斤。

注意：「ため」表示原因、理由。

【～ために】

【用法解说】

用法1：名词＋のため（に）／动词基本形＋のため（に）。表示目的，译为"为了……"。

注意：前后项动作主体必须一致；前项接意志性动词，表示通过努力可以实现的事情。

对比：「非意志动词基本形／ない形＋ように」「意志动词可能形的基本形／ない形＋ように」前后项动作主体可以不一致，表示状态或变化。

用法2：名词＋のため（に）／动词或两类形容词的简体形＋ため（に）。表示原因、理由，前面为非意志性的事态或状态，多用于书面语或比较郑重的场合，译为"因为……"。

【真题再现】

交通事故の（　D　）、会社に1時間も遅れてしまいました。（2004）

　　　　A. ことに　　　　B. ところに　　　C. わけに　　　　D. ために

译文：由于交通事故，迟到了一小时才到公司。

【～たら】

【用法解说】

用法1：表示假定条件，译为"要是……的话""如果……的话""一旦……就……"，多用于口语表达，侧重先后顺序，一般描述个别、偶然的事情。后项无限制，可接说话人的意志主张。

用法 2：表示新发现，或用于描述意外的情况，译为"……之后，（发现）……""不下心 / 意外……"后项一般是过去时态。
【真题再现】
お金を（　B　）、すぐ警察に届けてください。（2003）
　　　A. 拾うと　　　B. 拾ったら　　C. 拾えば　　　　D. 拾うなら
译文：如果捡到了钱的话，请马上交给警察。

会議室に（　D　）、だれもいなかった。（2004）
　　　A. いれば　　　B. 入って　　　C. 入るから　　　D. 入ったら
译文：进入会议室后，（发现）没有人。

話しながらコップを（　C　）1つ壊してしまった。（2011）
　　　A. 洗えば　　　B. 洗っても　　C. 洗ったら　　　D. 洗ったり
译文：一边说话一边洗杯子，不小心弄坏了一个。

【～たらどうですか】

【用法解说】表示向对方提出建议。
【真题再现】
先生に聞いて（　A　）どうですか。いいアドバイスがもらえますよ。
（2009）
　　　A. みたら　　　　B. みるなら　　C. みても　　　　D. みると
译文：试着问一下老师怎么样？会得到好的建议哟。

【～たり～たりします／です】

【用法解说】表示动作、状态的列举或反复出现，译为"时而……时而……""或是……或是……"。单个的「たり」表示"……之类的"。
【真题再现】
帰る時間は、早かったり遅かったり（　B　）。（2008）
　　　A. あります　　B. します　　　C. なります　　　D. でます
译文：回去的时间有时早，有时晚。

【～だろう】

【**用法解说**】「でしょう」的简体形式，表推量；推测事物的原因或理由；反问；假设，译为"也许……吧"。

【**真题再现**】

今回の試験のためにはあまり復習できなかった。いい成績が
（　D　）だろう。（2004）

      A. あげる　　　　　　　　B. あげられる

      C. あげるのではない　　　　D. あげられない

译文：没能为了这次考试好好复习，应该拿不到好成绩吧。

「いい成績をあげる」⇒「いい成績があげられる」⇒「いい成績があげられない」译为"无法、不能取得好成绩"。

高橋は明日は（　C　）でしょう。（2023）

    A. きない　　　B. くない　　　C. こない　　　　D. くるではない

译文：高桥明天应该不来吧。

【つ】

【つまり】

【**用法解说**】副词

用法1：译为"归根到底，总之，总而言之"。（=結局／要するに）

用法2：译为"也就是说……；即……"。用于加强语气。（=すなわち）

注意：「つまり～（という）わけだ」：作出结论。结果、结论一般为既定事实，"理应如此、理所当然"，表示了解了其前因后果。

「つまり～ということだ」：作出结论。就事论事、说明实际情况。

【**真题再现**】

今月は30日中、20日が雨でした。（　C　）晴れた日は10日しかなかったわけです。（2002）

     A. すると　　　　B. それで　　　　C. つまり　　　　D. そこで

译文：这个月30天里有20天下雨。也就是说，晴天只有10天。

【つもり】

【**用法解说**】

接续：动词基本形＋つもりだ。

译为"打算做某事"。「つもりはない」表示没有做某事的打算。

【真题再现】

昨日の会議で、言う（　D　）のない発言をしてしまい、後悔している。
（2023）

　　　A. ため　　　　　B. ところ　　　C. もの　　　　D. つもり

译文：在昨天的会议上，说了本不打算说的话，现在一直后悔。

第6讲

【て】

【助词で】
【用法解说】
用法1：表示原因、理由。
【真题再现】
昔のこと（　C　）よく覚えていないが、あのころは楽しいことばかりでなく、つらいことも多かったような気がする。（2003）

   A. ので   B. から   C. で   D. と

译文：因为是以前的事情所以记不太清楚了，但总感觉那时候不仅只有开心的事情，也有很多痛苦的事情。

注意：AB选项也可以表示原因理由，但是接续错误，正确的接续应该为A选项昔のことなので，B选项昔のことだから。

用法2：提示行为动作、事情发生的地点。
【真题再现】
ゆうべ新宿（　A　）火事がありました。（2003）

   A. で   B. へ   C. の   D. から

译文：昨晚在新宿发生了火灾。

注意：本题不是存在句，不可以使用存在句「～に～があります」。虽然本题的谓语动词是"有"，也可以翻译为"昨晚在新宿有火灾"，但此处的"有"并非存在句中表示存在的"有"，而是表示事情、动作、行为发生的意思，新宿是发生火灾这个事件的地点，即"昨晚在新宿发生了火灾"，因此要使用提示动作、事情发生地点的助词「で」。

上野駅（　B　）降りると、銀行はすぐその前にあります。（2004）

   A. へ   B. で   C. の   D. が

译文：在上野车站下车的话，银行就在前面。

注意：「電車／バス／地下鉄　を降りる」是"下车"的意思，即离开（交通工具）。

本题的「と」，是发现的用法：在上野站下车，就会发现银行就在前面。

決勝戦（　A　）Bチームと戦ったが、敗れた。（2009）

  A. で   B. に   C. と   D. が

译文：在决赛中与 B 队对战，输了。

図書館（　A　）大声で話さないでください。（2018）
　　　A. では　　　B. とは　　　　　C. には　　　　　D. へは
译文：在图书馆内请勿大声讲话。

子どもは成長する中（　A　）、さまざまな問題にあうだろう。（2020）
　　　A. で　　　　B. は　　　　　　C. を　　　　　　D. と
译文：孩子在成长过程中，会遇到各种各样的问题吧。

用法 3：提示工具、方式、手段。
【真题再现】
日本の山はほとんど火山活動（　A　）できたものである。（2002）
　　　A. で　　　　B. が　　　　　　C. に　　　　　　D. は
译文：日本的山几乎都是由火山活动形成的。

この手紙を航空便（　D　）お願いします。（2012）
　　　A. と　　　　B. が　　　　　　C. の　　　　　　D. で
译文：这封信请寄航空邮件。
注意：本题完整的表达是「この手紙を航空便で送ってください。お願い
します。」

用法 4：表示范围。
【真题再现】
ボタンの花は、昔は種類が多くなかったが、今（　A　）、200 種以上にも
なっている。（2010）
　　　A. では　　　B. でも　　　　　C. には　　　　　D. にも
译文：牡丹花以前种类不是很多，但现在已经有 200 种以上了。
注意：「で」提示时间范围，「は」表示对比强调。

用法 5：表示状态、限度。
【真题再现】
この小説の第 1 巻は、主人公がパリを離れるところ（　C　）終わっている。
（2003）
　　　A. まで　　　B. に　　　　　　C. で　　　　　　D. が
译文：这本小说的第一卷，以主人公离开巴黎结束。

わたしはこれ（　B　）大丈夫だと思いますが、王さんはどう思いますか。
（2012）

      A. に   B. で   C. と   D. へ

译文：我觉得这样（的状态、样子）就没问题了，小王你怎么看？

类似的表达：「君の人生はこれでいいの。」

私たちは東京で出会ってからまだ3か月（　C　）しかないですね。（2013）

      A. だ   B. に   C. で   D. だっ

译文：我们在东京相遇也只不过才3个月。

注意：「名词＋でしかない」表示某事不值得一提或评价不高。译为"也只不过是……"。

今日（　B　）18 歳になりました！これからもよろしくお願いします。
（2023）

      A. が   B. で   C. に   D. の

译文：到今天我就 18 岁了！今后也请多多关照。

用法6：表示动作主体，通常接在组织、团体等名词后，用法比较正式。

【真题再现】

会議の準備はこちら（　C　）しておきます。（2021）

      A. を   B. に   C. で   D. か

译文：会议的准备由我方提前准备好。

注意：如果动作主体是具体的某个人，则用助词「は」或「が」来提示。

【～てある】

【用法解说】

接续：他动词动作的承受者＋「が」/「は」＋他动词て形＋「ある」。

描述人为有意（即抱着某一目的）而做的某种行为（他动词），其结果保留下来的状态。

例：庭に花が植えてあります。（庭院里种着花）

    强调花是被人种植在庭院里的，突出种花的动作者，以动作承受者"花"为主语。

【真题再现】

会場が変更になったことは、もうみんなに知らせて（　B　）ます。（2002）

      A. み   B. あり   C. おき   D. しまい

译文：会场变更事宜，已经通知大家了。

私が会場に入ったときには、もういすもテーブルもきちんと（　C　）。（2002）
  A. 並んでいません   B. 並びません
  C. 並べてありました   D. 並べました
译文：我进入会场时，椅子和桌子都已经被摆放好了。

新鮮な空気が入るように窓が（　D　）。（2008）
  A. 開いてしまう B. 開けておく C. 開けている D. 開けてある
译文：为了有新鲜的空气，窗户被打开了。
注意：由于主语是"窗户"，所以排除 BC 两个选项，因为 BC 两个选项需使用助词「を」提示作为宾语的"窗户"。A 选项中的「しまう」不合题意。

ドアにも窓にも鍵が（　C　）はずなのに、泥棒がどこから入ったのだろう。（2012）
  A. かけておいた   B. かかっておいた
  C. かけてあった   D. かかってあった
译文：明明门和窗户应该都被锁上了，小偷究竟从哪里进去的呢?
「鍵をかける」（锁门、锁窗户等）⇒鍵が／は　かけてある。

本棚の横に、望遠鏡が掛けて（　C　）。（2014）
  A. いた B. みた   C. あった D. おいた
译文：书架旁边挂着望远镜。

「あ、すいかが切って（　B　）よ。」
「ほんとうだ。食べていいかなあ。」（2017）
  A. います B. あります C. おきます D. しまいます
译文："啊，西瓜切好了哦。"
   "真的哎，可以吃吗?"
注意：动作承受者是西瓜，承受了「切る」这一他动词的动作，被切开后，这一动作结果保留了下来，即西瓜切好了。

小さな庭には季節の花が植えて（　B　）。（2018）
  A. いる B. ある   C. いく D. みる
译文：小院子里种着当季的花。
「季節の花」：当季的花。

【～ていく／～てくる】

【～ていく】表示空间上由近到远；事态从现在发展到将来。

【真题再现】

向こうには店がなさそうだから、ここで（　A　）。（2006）

    A. 食べていきましょう　　　　B. 食べてきましょう

    C. 食べにいきました　　　　　D. 食べにきました

译文：那边（要去的地方）好像没有店（可以吃饭），所以在这里吃了再去（那边）吧。

卒業しても外国語の勉強を続けて（　C　）。（2007）

    A. きたい　　B. おきたい　　　C. いきたい　　　D. しまいたい

译文：即使毕业了，也想继续学习外语。

これから、本をたくさん読んで（　A　）と思っています。（2008）

    A. いこう　　B. いく　　　　C. くる　　　　D. きた

译文：今后想继续阅读很多书。

難しいですが、やって（　D　）うちに、よくできるようになるかもしれません。（2008）

    A. くる　　　B. きた　　　　C. いった　　　D. いく

译文：虽然很难，但坚持做下去，也许就能做好。

しばらくの間、この町で暮らして（　A　）と思います。（2013）

    A. いこう　　B. こよう　　　C. おこう　　　D. しまおう

译文：我想在这个城市住一段时间。

歌手としての道は厳しいですが、これからも歌で食べて（　B　）つもりです。（2014）

    A. くる　　　　B. いく　　　　C. おく　　　　D. しまう

译文：作为歌手的路很严峻，但我打算今后也凭借唱歌谋生。

「歌で食べていく」译为凭借、通过唱歌"吃下去"，意思是"凭借唱歌活下去、生存下去、谋生"。

優れた本を読めば読むほど、人の心は豊かになって（　D　）。（2015）

    A. みる　　　B. おく　　　　C. いる　　　　D. いく

译文：越读好书，人的内心就会变得越丰富充实。

わたしは廊下で林さんと立ち話をした。その後、林さんは教室に（　D　）。（2016）

  A. 入ってくる   B. 入ってきた

  C. 入っていく   D. 入っていった

译文：我和小林在走廊站着说话。然后，小林进去教室了。

注意：本题表示空间上的由近到远，我还在走廊，小林往教室里面走，离我越来越远。

（教室の外で）「先生が教室に（　　C　）。」「じゃ、わたしたちも。」（2021）

   A. 出ていきました   B. 出てきました

   C. 入っていきました   D. 入ってきました

译文：（在教室外面）"老师进教室里去了。""那么，我们也（进去）。"

注意：「教室に」，「に」提示着落点，因此可以排除 A 和 B 两个选项，因为"从教室里出来"应使用「教室を出る」。此处是站在说话者的角度陈述，说话者在教室外面，而老师却进了教室，因此使用「ていく」表示动作由近到远。

社会発展にしたがって、今後看護師の求人が増える時代に（　B　）と思う。（2022）

    A. なっておく B. なっていく   C. なってみる D. なっている

译文：随着社会的发展，我认为今后会进入护士的招聘需求增加的时代。

注意：B 选项的「ていく」表示事态从现在发展到将来，由题目的「今後」可知是现在到将来的发展趋势，因此选择 B 选项。

【～てくる】

用法 1：表示空间上由远及近的变化；事态从过去发展到现在。

用法 2：表示过去不存在或看不见的东西显露出来。

例：ほら、向こうに海が見えてきたでしょう。目的地はもうすぐですよ。（看，能看到那边的海了吧？目的地马上要到啦！）

【真题再现】

最近、運動する暇がないので、（　D　）きました。（2003）

   A. ふえて   B. ふとくなって C. ふとくて   D. ふとって

译文：最近没有空闲运动，所以胖起来了。

「太る：ふとる」：长胖、变胖。

あの作家の本を読んで、さらに興味が湧いて（　　A　　）でしょう。（2007）
　　　　A．くる　　　　　B．いく　　　　　　C．ある　　　　　　　D．しまう
译文：读那个作家的书，应该会涌现／产生更大的兴趣吧。

わたくし、隣に引っ越して（　　B　　）中村と申します。よろしくお願い
いたします。（2007）
　　　　A．いらっしゃいました　　　　　　B．まいりました
　　　　C．うかがいました　　　　　　　　D．いただきました
译文：我是刚搬家到隔壁的中村，请多多关照。
注意：本题使用了自谦的表达。「引っ越してくる」⇒「引っ越してまいる」
（搬家过来）。

最近は正月を自宅で過ごさない人が増えて（　　D　　）。（2011）
　　　　A．いきました　　　　　　　　　　B．ありました
　　　　C．みました　　　　　　　　　　　D．きました
译文：最近，不在自己家里过年的人增加了（多起来了）。

これまで漫画をたくさん読んで（　　A　　）が、こんなにおもしろいのは
初めてだ。（2012）
　　　　A．きた　　　　　B．くる　　　　　　C．いった　　　　　D．いく
译文：截止目前看了很多漫画，但是这么有意思的还是第一次（看）。

暑いね。何が冷たいものを飲みたい。買って（　　A　　）か。（2015）
　　　　A．きましょう　　　　　　　　　　B．いましょう
　　　　C．ありましょう　　　　　　　　　D．しまいましょう
译文：好热啊！想喝点冰冻的。我去买点回来吧。
注意：本题的「ましょう」表示主动提出做某事。

「鈴木さん、今、これ、郵便局に行って出して来てくれないか。急ぎな
んだよ。」
「はい、すぐ出して（　　A　　）。」（2016）
　　　　A．まいります　　　　　　　　　　B．もらいます
　　　　C．いただきます　　　　　　　　　D．くださいます
译文："铃木，现在，这个东西，你能帮我去邮局邮寄一下回来吗？很
着急。"
　　　　"好的，我马上去邮寄了就回来。"

「手紙／小包を出す」：寄信、寄包裹。

「ゴミを出す」：扔垃圾。

「レポート／論文を出す」：提交报告、论文。

お手洗いに行って（　A　）から、ここで待っていてね。（2017）

      A. くる　　　　B. いく　　　　　C. ある　　　　　　D. しまう

译文：我去下洗手间就回来，你在这里等着哦。

注意：「待っていてくださいね」对应的口语表达为「待っていてね」"等着"，请对方保持等待的状态。

「ちょっとスーパーまで行って（　A　）。」

「どうぞ、いってらっしゃい。」（2019）

      A. くる　　　　B. いる　　　　　C. ある　　　　　　D. しまう

译文："我去一下超市就回来。""请便，路上小心／慢走。"

【～て以来】

【用法解说】

接续：动词て形＋以来（だ）。

书面语，译为"……以来（一直）"，表示前项发生后，后项一直处于某种状态下。

对比：「动词て形＋から」表示两个动作按照时间的先后顺序相继发生。

【真题再现】

一人暮らしを（　B　）以来、物価に詳しくなった。（2002）

      A. 始める　　B. 始めて　　　　C. 始めた　　　D. 始めたい

译文：自从一个人生活以后，就变得很了解物价了。

「物価に詳しい」表示对物价很详细，译为"很了解物价"。

中村さんには 10 年前に（　C　）以来、一度も会っていない。（2008）

      A. 会わない　　B. 会っていない　C. 会って　　　　D. 会う

译文：自从 10 年前见了中村以后，就再也没有见过。

中学生に（　C　）から声が変わった。（2015）

      A. なれ　　　　B. なり　　　　　C. なって　　　　　D. なろう

译文：成为初中生之后（即升上初中后）声音变了。

【～ている】

【用法解说】

用法1：接在持续性动词后，表示动作正在进行或继续。

例：風が吹いています。（正在刮风。）

【真题再现】

電話（　C　）最中に、だれかが玄関に来た。（2006）

　　　A.する　　　　B.した　　　　　C.している　　　D.して

译文：正在打电话的时候，有人来门口了。

少年が後ろの声を聞いて、自転車を止め、こちらを（　A　）。（2007）

　　　A.向いているB.向けている　　C.向いてある　　D.向けてある

译文：少年听到后面的声音，停下自行车，转向这边。

注意：「～を向く」改变方向，强调动作。「～に向く」朝向、面向，强调状态。

さっきまでここで小説を（　D　）のに、もうどこかへ行ってしまった。
（2013）

　　　A.読む　　　B.読もう　　　　C.読んできた　　D.読んでいた

译文：截止到刚才还一直在这里看小说，现在就没有影了（不知道去哪了）。

注意：「小説を読んでいた」表示过去正在看小说。

すぐ戻りますから、ここで雑誌でも読んで（　A　）ください。（2018）

　　　A.いて　　　　B.きて　　　　C.おいて　　　　D.しまって

译文：（我）马上回来，请在这里看看杂志什么的吧。

注意：「で」提示动作进行的场所；「でも」表示举例，译为"之类的"。
読む→読んでいる＋てください（请求对方做某事）。此处是请求对方"在
这里一直看看杂志什么的"，即请求对方待在这里保持看杂志的状态，一
边看一边等。

あっ、（　D　）本、こんなところにあった。（2022）

　　　A.探せる　　　B.見つけた　　　C.見つかる　　　D.探していた

译文：啊，我之前一直在找的书，竟然在这里。

用法2：接在瞬间动词后，表示动作已经发生后的结果状态的存续。

例：北京に住んでいます。（住在北京。）

【真题再现】

来年にはアメリカへ（　B　）息子の家族が帰ってくるという。（2003）

  A. 行っていた   B. 行っている

  C. 行ってくる   D. 行ってしまう

译文：明年，去了美国的儿子一家要回来。

注意：本题的"去"是瞬间动词，所以表示的是动作结果的存续。过去的某个时间点，儿子一家去了美国，这个结果一直存续（即去了美国后一直没有回来）。

「今度のボランティア活動の計画は立てましたか。」

「いいえ、まだ（　C　）。」（2007）

  A. 立てません   B. 立てませんでした

  C. 立てていません   D. 立てていませんでした

本题选 C 选项，译为"一直还处于没有做计划的状态"。如果选 A 选项，会有"不想做计划，不愿意做计划"的语感。

类似的例子：「李さんは来ましたか。」「いいえ、まだ来ていません。」

老师上课点名，问"小李来了吗？"同桌说"小李还没有来"。强调还处于没有来的状态（可能是睡过头了，一会就到）。

箱を開けてみると、中に人形が（　D　）。（2011）

  A. 入れました   B. 入りました

  C. 入れていました   D. 入っていました

译文：打开箱子，发现里面装着玩偶。

注意："进入"是瞬间动词，进入以后一直保持在里面的结果状态。

「～に～が入っている」译为"在……里面装着、装有……"。

私はもう30年もふるさとに帰って（　C　）。（2012）

  A. みる B. ある   C. いない   D. こない

译文：我已经30年没有回家乡了。

家に帰ると、すでに夕食の準備が（　D　）。（2013）

  A. できる B. できない   C. できていた D. できなかった

译文：回到家，发现晚饭已经准备好了。

夜も遅いので、教室の電気がもう消えて（　D　）。（2020）

  A. おく   B. ある   C. みた   D. いる

译文：因为夜深了，教室的灯已经关了（处于灯灭的结果状态）。

北京に行ったことがないと言っても、（　B　）よ。（2021）
　　　A. 故宮さえ知らない　　　　　B. 故宮は知っている
　　　C. 故宮でも知っている　　　　D. 故宮など知るはずがない
译文：虽说我没去过北京，但故宫我还是知道的哦。

あ、田中さん、そのコンピューターが（　A　）ので、これを使ってください。（2022）
　　　A. 壊れているB. 壊している　　C. 壊れてある　D. 壊してみる
译文：啊，田中，那台电脑是坏的，请用这台。

用法3：表示习惯性的行为动作。
例：兄は毎朝ジョギングしています。（哥哥每天早上慢跑。）
【真题再现】
背が高くなるように、毎日牛乳をたくさん（　A　）。（2011）
　　　A. 飲んでいる　　　　　　　　B. 飲んである
　　　C. 飲んでしまう　　　　　　　D. 飲んでいく
译文：为了长高，每天喝很多牛奶。

【～ておく】

【用法解说】
用法1：为了某目的而事先、提前做好准备。
用法2：使某种状态持续、留存。
【真题再现】
友だちが来る前に部屋を掃除して（　A　）なさい。（2008）
　　　A. おき　　　　B. あり　　　　C. い　　　　D. み
译文：朋友来之前，请提前打扫房间。

今度の旅行のことですが、細かいことはあとにして、まず日にちと場所を決めて（　D　）。（2009）
　　　A. しまうでしょう　　　　　　B. あるでしょう
　　　C. きましょう　　　　　　　　D. おきましょう
译文：关于这次的旅行，细节部分往后放一放，先决定好日期地点吧。
「～あとにして」译为"暂且不说，先不提"。

これからのスケジュールはちゃんと皆さんに言って（　B　）べきだと思います。（2016）

  A. みる   B. おく   C. ある   D. いる

译文：我认为应该提前跟大家好好说接下来的行程表。

「动词基本形＋べきだ」：表示说话者认为有何种义务，多用于对对方的建议、劝告。

明日試合に出るから、今晩、睡眠を十分とって（　C　）。（2018）

  A. こよう B. いよう   C. おこう   D. しまおう

译文：明天要参加比赛，所以今晚好好睡个觉吧。

注意：「～ておきましょう」⇒「～ておこう」（简体形）

この計画はちゃんとみなさんに伝えて（　B　）べきだと思います。（2020）

  A. いる   B. おく   C. こない   D. いない

译文：我觉得这个计划应该好好提前通知大家。

【～てから】

【用法解说】动词て形＋から表示两个动作按照时间的先后顺序相继发生。译为"……之后……"。

【真题再现】

中学生に（　C　）から声が変わった。（2015）

  A. なれ B. なり   C. なって   D. なろう

译文：成为初中生之后（即升上初中后）声音变了。

【～てからでないと、～】

【用法解说】

表示如果不把前项完成，就很难实现后项，即要使后项成立，就必须先实现前项，"如果不先做……就不能……"。

【真题再现】

このことは上司に相談して（　D　）でないと、お答えできません。（2009）

  A. あと B. おく   C. ある   D. から

译文：这件事不先与上司商量的话，就没办法答复。

注意：A选项的「あと」表示先后顺序时，前接动词「た」形。

「上司に相談する」表单向性，译为"去找上司商量、请教、征求上司意见"。

「上司と相談する」表双向性，译为"和上司商量"。

木村さんに会ってちゃんと話を（　C　）でないと、どちらが正しいか分からない。（2011）

       A. 聞く前　　B. 聞くまで　　　C. 聞いてから　　D. 聞いて以来

译文：不先见到木村，好好听听他的说法，就不知道哪个是正确的。

「～に会う」：表单向性，译为"去见某人"。

「～と会う」：表双向性，译为"和某人见面"。

【～てください】

【用法解说】有礼貌地请求对方做某事。

【真题再现】

先生、分からないところを教えて（　B　）ませんか。（2004）

       A. いただき　　B. ください　　　C. もらい　　　　D. さしあげ

译文：老师，（我）不懂的地方能否请您教教我？

注意：「～てください」⇒「～てくださいませんか」，后者更有礼貌、更委婉地请求对方做某事。

【～てしまう】

【用法解说】

用法1：表示动作彻底的完结、完了。

【真题再现】

おなかがすいていたので、料理を2人分食べて（　B　）。（2011）

       A. いた　　　B. しまった　　C. おいた　　　　D. あった

译文：因为肚子很饿，所以吃完了两人份的饭菜。

頑張っても、8日までにレポートを書いて（　D　）ことはできないでしょう。（2016）

       A. ある　　　B. おく　　　　C. みる　　　　　D. しまう

译文：即使努力，也不可能在8号之前写完报告吧。

用法 2：带有遗憾、惋惜、后悔、不满等心情陈述做了某事。

【真题再现】

昨日の夜、傘をささずに雨の中を歩いていたので、風邪を引いて（　D　）。（2012）

　　　A．みました　B．おきました　　C．ありました　D．しまいました

译文：昨晚，没有打伞淋着雨走路，所以得感冒了。（后悔）

最近、疲れているから、いつも本を読んでいるうちに眠って（　D　）。（2015）

　　　A．みます　　B．おきます　　　C．いきます　　D．しまいます

译文：最近，因为一直都很累，所以总是看着书就不知不觉睡着了。

注意：此处带有遗憾、懊恼的心情，想好好看书，但是看着看着就睡着了。

小さい時にたくさん練習させられて、今ピアノを見るのも嫌になって（　B　）。（2021）

　　　A．いった　　B．しまった　　　C．おいた　　　D．あった

译文：小时候被逼迫大量地练习（钢琴），现在看到钢琴就厌烦。（不满、反感）

【～てしょうがない】

【用法解说】

接续：各种词的て形＋しょうがない。

译为"……得不得了"。口语表达，由「～てしようがない」缩简而来，同「～てしかたがない」。

【真题再现】

どうしてこんなことが起こってしまったのか、今考えてみても、不思議（　D　）。（2011）

　　　A．なわけではない　　　　　B．なものではない

　　　C．ということはない　　　　D．でしょうがない

译文：为什么会发生这样的事情？直至现在，也（觉得）很不可思议。

「不思議」：ナ形容词→不思議で＋しょうがない

【～てたまらない】

【用法解说】

「～て」指的是各种词的て形。表示程度深，无法抑制某种情感、感觉，

译为"……得不得了"。

【真题再现】

駅のホームで転んでしまって、恥ずかしくて恥ずかしくて（　B　）。（2005）

   A. いられなかって   B. たまらなかった

   C. まちがいなかった   D. ほかはなかった

译文：在车站站台摔倒了，很丢人。

注意：重复了两遍「恥ずかしくて」，语气更强烈，"丢人得不得了，糗死了"。

【～てならない】

【用法解说】表示无法抑制成为某种状态，或某种感情、想法，译为"……得不得了"。

例：息子が大学に合格して、うれしくてならない。（儿子考上了大学，高兴极了。）

【真题再现】

どうしてこんな奇跡が起こるのか、不思議で（　D　）。（2020）

   A. できない B. すまない C. いけない D. ならない

译文：为什么会发生这种奇迹呢，简直太不可思议了。

注意：「不思議」是な形容词，所以对应的て形是「不思議で」。

【～てはじめて】

【用法解说】表示有了前项的经历后明白了后项的事情。

【真题再现】

猫を飼って（　B　）、そのかわいさが分かる。（2022）

   A. ほしくて B. はじめて C. いけなくて D. ならなくて

译文：养了猫之后才明白它的可爱之处。

【～てほしい／～ないでほしい】

【用法解说】

用法1：表示希望他人（为自己）做某事，动作主体（他人）用「に」提示。

例：大変な作業なので、誰かに手伝ってほしいと思っている。

（因为是很辛苦的工作，所以希望有谁能来帮一下。）

用法2: 表示希望某个现象、事态、状况发生，动作主体（现象、事态、状况）用「が」提示。

例：早く春が来てほしいです。（希望春天快来。）

【真题再现】

このことはけっしてほかの人に言わないで（　A　）のですが。（2004）

  A. ほしい B. あげる C. もらう D. ください

译文：这件事希望（你）绝对不要告诉其他人。

いったいどういうことか責任者にもっと詳しく説明（　A　）ほしい。（2023）

  A. して B. させて C. されて D. られて

译文：究竟是怎么回事，希望负责人更详细地解释说明。

【～てみる】

【用法解说】表示尝试做某事。

これは簡単なことかどうか、まず自分でやって（　C　）ことだ。（2014）

  A. いる B. おる C. みる D. ある

译文：这是不是简单的事情，首先应该自己尝试做一下。

新しい薬を飲んで（　C　）が、やはりよくならなかった。（2020）

  A. いく B. みる C. みた D. いった

译文：尝试吃了新的药，但还是没好起来。

注意：由后文「よくならなかった」可知选择过去时态，是"吃了新的药"，这个动作已经完成了，却没见好转，选B会变成"将要尝试吃新的药，但还是没好起来"，逻辑不通。

（中華料理店で）「おいしそうですね。」「おいしいですよ、食べて（　B　）。」（2021）

  A. いたら B. みたら C. きたら D. おいたら

译文:（在中餐厅里）"看起来好好吃呀。""很好吃哦，尝一下看看怎么样？"

このジュースはおいしそうですね。ちょっと飲んで（　A　）もいいですか。（2022）

A. みて　　　　B. いて　　　　　　C. きて　　　　　　D. あって
译文：这个果汁看起来很好喝呀，我可以试喝一下吗？

【～でも】

【用法解说】
用法 1：【疑问词＋でも，后接肯定表达】，表示全部肯定。
【真题再现】
「昼ご飯を食べましょう。何を食べますか。」「（　C　）いいですよ。」
（2004）
　　　　A. なんにも　　B. どのくらいでも C. なんでも　　　D. どこでも
译文："一起吃午饭吧。要吃什么？""什么都可以呀！"

欲しいものは何（　D　）手に入る時代になった。（2015）
　　　　A. を　　　　　　B. も　　　　　　C. では　　　　　D. でも
译文：已经变成了（到了）想要的东西全部都可以到手的时代了。

用法 2：【名词＋でも】，表示举例，译为"……之类的"，常用于建议。
【真题再现】
雨が降っているから、タクシーに（　D　）乗って行こうか。（2008）
　　　　A. さえ　　　　B. くらい　　　　C. など　　　　　D. でも
译文：因为在下雨，我们坐出租车什么的去吧。
「タクシーに乗っていく」⇒「タクシーにでも乗っていく」

用法 3：「て形＋も」，表示让步条件，译为"即使……也……"。
【真题再现】
もう 5 時です。いまから（　B　）7 時の電車に間に合うでしょうか。
（2010）
　　　　A. までも　　　　B. でも　　　　　C. にも　　　　　D. とも
译文：已经 5 点了。即使现在（出发），能赶得上 7 点的电车吗？
注意：说话人担心，认为即使现在出发，也可能赶不上 7 点的电车。

どんなに（　B　）やはり自分の家が一番いい。（2020）
　　　　A. 狭いし　　B. 狭くても　　　C. 狭いから　　　D. 狭いのに
译文：无论多么狭小，还是自己的家最好。
注意:「どんなに・いくら・どれだけ・いかに～ても」表示强烈的让步条件。

（　A　）安くても、必要のないものは買いません。（2021）

      A. いくら　　　B. いくつ　　　　　C. どうして　　　D. どんな

译文：不管多么便宜，没有必要的东西我都不买。

一日（　B　）早く日常が戻ることを願っている。（2023）

      A. さえ　　　　B. でも　　　　　　C. だけ　　　　　D. こそ

译文：希望能尽早恢复日常（生活）。

「一日でも早く」译为"哪怕早一天；尽早"。

【〜ても　かまいません】

【用法解说】与「〜ても　いいです」相同，表示允许、许可，译为"做……也可以"。

【真题再现】

ここにあるものは、何でも自由に（　A　）よ。（2008）

      A. 使ってもかまいません　　　B. 使ってはいけません

      C. 使いません　　　　　　　　D. 使えません

译文：在这里的东西，全部都可以自由使用。

第7讲

【と】

【助词と】
【用法解说】
用法1：表引用或概括前面提到的内容。
【真题再现】
きみなら、必ず成功する（　A　）信じている。（2005）
　　　A.と　　　　B.が　　　　C.か　　　　D.を
译文：我相信如果是你的话，一定能成功。
「～と信じる」中と提示"相信"的内容。

人間に出会いの喜びを求めて生き続けるのではないか（　B　）わたしに思う。（2009）
　　　A.が　　　　B.と　　　　C.へ　　　　D.を
译文：我认为是寻求与人邂逅的喜悦才生存下去。

ほら、見てごらん。あそこに「危険」（　D　）書いてありますよ。（2012）
　　　A.を　　　　B.に　　　　C.が　　　　D.と
译文：哎，你看。那里写着"危险"哦。

「先週のテスト、よくできましたよ」（　A　）先生にほめられました。
（2021）
　　　　A.と　　　　B.に　　　　C.が　　　　D.を
译文：被老师表扬了："上周的考试，考得很好。"

畳の部屋で靴は履いてはいけない（　B　）言ったでしょう。（2022）
　　　A.を　　　　B.と　　　　C.が　　　　D.で
译文：我都说了在榻榻米的房间里不能穿鞋。

用法2：表示假定条件。
【真题再现】
このリンゴは5個500円、8個だ（　D　）750円なんですが、よろしいですか。（2002）
　　　A.から　　　B.が　　　　C.ので　　　　D.と

译文：这种苹果5个500日元，8个的话750日元，请问可以吗？

【～ということだ】

【用法解说】

接续：小句简体形＋ということだ。

表示传闻，译为"听说……""据说……"。对比表传闻的「～そうだ」，其直接引用的感觉更强烈。表示消息的来源用「～によると／よれば」。

【真题再现】

先生の話では、橋本さんがコンサートに出れば、成功は間違いない
（　D　）。（2007）

　　　　A. というものだ　　　　B. ということになる
　　　　C. というわけだ　　　　D. ということだ

译文：听老师说，桥本如果参加音乐会的话，肯定能成功。

「～の話では、～ということだ」＝「～の話によると／よれば、～ということだ」

【对比】

「ということは」表示对某种状况、事态的解释；根据前项描述的已知的情况得出后项的结论或看法。译为"也就是说……"。有时会表达为「ということは～ということだ」。

例：一日8時間働くということは、1週間に40時間働くということですね。

　　（一天工作8小时，也就是说一周工作40小时。）

　　「午前中、高速道路で大きな事故があったそうです。」

　　「ということは、今日の配達が遅れるということですね。」

　　（"听说，上午在高速路上发生了严重的交通事故。""也就是说，今天的投递要推迟了呢。"）

【～といえば／～というと／～といったら】

【用法解说】

表示提及某个话题，译为"提到……就（想到）……""说起……"。前面是谈话中涉及的人或事，表示话题是以前面提到的内容为契机而联想起来的。

【真题再现】

「昨日、ジョンさんに会いましたよ。」

「そうですか。ジョンさん（　A　）、A社に就職が決まったそうですね。」
（2014）

　　　A. といえば　　　　　　　　B. といっては

　　　C. と話せば　　　　　　　　D. と話すなら

译文："昨天见到约翰了哟。""是吗？说起约翰，听说他确定了到 A 公司就职。"

冬に行きたいところ（　B　）、温泉でしょう。（2015）

　　　A. と言って　　B. と言えば　　C. とは言え　　D. と言っても

译文：说起冬天想去的地方，那就是温泉吧。

日本では、村上春樹（　B　）、知らない人がはとんどいないでしょう。
（2016）

　　　A. とは言え　B. といえば　　C. とはいい　　D. といえども

译文：在日本，说起村上春树，几乎没有人不认识吧。

北京は夏の果物（　B　）西瓜だろう。（2019）

　　　A. ながら　　B. というと　　C. につれて　　D. というふうに

译文：说起北京夏天的水果，那就是西瓜了吧。

【～といっても】

【用法解说】

虽说前项是事实，但是结果却与期望值相差甚远；或未必会出现一般情况下所预料的那种结果。译为"虽说……只是……而已"；"虽说……也未必……"。

【真题再现】

日本語はまだまだですが、まだ（　C　）ぜんぜん話せないわけではないんです。（2002）

　　　A. といったら　　　　　　　B. というと

　　　C. といっても　　　　　　　D. というより

译文：虽说日语还不行，但也并非完全说不了。

【～とおり】

【用法解说】

也可以写成「通り」。

接续：动词原形 / た形＋とおり；名词＋の＋とおり；名词＋どうり。

表示后项就如前项所举的例子一样。接在表示发话和思考的动词后面，意思是"现实就如此前所说过的、想象的或听到的一模一样"，或表示按照前项所表示的那样去做。译为"正如……那样""如同……那样""按照……"。

【真题再现】

言われた（ C ）やればいいから、そんなに難しく考えなくていいよ。（2012）

   A. つもり B. ところ   C. とおり   D. あいだ

译文：按照被要求的那样去做就好，不用想得那么难。

今日は予報（ A ）、雨が降っていた。（2020）

   A. どおり B. とおり   C. ように   D. そうに

译文：今天正如天气预报所说，下雨了。

彼が書いた地図の（ B ）行ったけど、本屋はなかった。（2021）

   A. ことに B. とおりに C. たびに   D. ために

译文：按照他画的地图去了，但是没有书店。

【～とき】译为"……的时候"。

【真题再现】

わたしは昨日うちへ（ C ）とき、会社で友達に傘を借りました。（2012）

   A. 帰って B. 帰った   C. 帰る   D. 帰り

译文：我昨天回家的时候，在公司借了朋友的伞。

注意：虽然句末谓语是过去时态，是昨天借伞了，但其实是「私は昨日うちへ帰る前に、会社で友達に傘を借りました」。即回家前，在公司找朋友借了伞。"回家"发生在"借伞"之后，在句子末尾的谓语动词「借りました」发生的时候，"我"还没有回家，"我"即将回家，所以使用「帰るとき」。

【ところ】

用法1：名词，译为"地方；点；……之处"。

【真题再现】

笑顔だった（　A　）を見ると、すべてうまくいったようです。（2005）
　　　A.ところ　　B.わけ　　　　C.ほど　　　　D.もの

译文：看到笑脸，好像一切进展顺利。

「〜ところを見ると」译为"从……来看"。

わたしの家は駅までは10分もかから（　A　）ところにあります。（2016）
　　　A.ない　　B.なく　　　　C.なくて　　　　D.ないで

译文：我家在距离车站连10分钟都不用的地方。

用法2：【动词基本形＋ところだ】译为"马上要做""即将做"。

【真题再现】

ハイキングに出かける（　B　）なのに、お母さんの用意がまだできていない。（2003）
　　　A.だけ　　B.ところ　　　　C.よう　　　　D.ばかり

译文：马上要出去郊游了，妈妈却还没准备好。

用法3：「动词意向形（よう）＋としている＋ところだ」表示正要做某事的时候，不太期待的人来了或麻烦事发生了，后项多为不合时宜、不被期待的情况。译为"正要……的时候""正在……的时候""刚要……的时候"。

【真题再现】

王さんが電話してきた時、わたしはちょうど出かけようと（　B　）ところでした。（2013）
　　　A.してくる　　B.している　　　C.していた　　　D.していった

译文：小王来电话的时候，我正要出门。

用法4：【动词て形＋いる＋ところだ】表示某动作正在进行，或事态正处于某个阶段。只能接意志动词。译为"正在……"。

【真题再现】

「吉田くん、先週のレポートは終わったかい。」
「今やっている（　C　）です。」（2013）
　　　A.わけ　　B.はず　　　　C.ところ　　　　D.とおり

译文："吉田，上周的报告完成了吗？"
　　　"现在正在做。"

用法 5：「动词た形＋ところだ」表示动作或变化刚刚结束，强调动作、行为的结束距离现在很近，多用来说明说话人所在现场的情况。强调对眼前的客观情况进行说明，客观上时间间隔很短，译为"刚刚……"。而「动词た形＋ばかりだ」则强调以自己的主观感受为基础，心理上感觉时间间隔很短。
【真题再现】
いま、ちょうど帰ってきた（　A　）です。（2008）
　　　A. ところ　　B. こと　　　　C. とき　　　　D. まま
译文：正好刚刚回来。

「一緒にどこかへ行きましょうか。」
「すみません、今帰ってきた（　C　）なんです。」（2011）
　　　A. こと　　　B. もの　　　C. ところ　　　D. はず
译文："一起去个什么地方吧？"
　　　"不好意思，我刚刚才回来呢。"

「食事、まだですか。よかったら、いっしょにどうでしょうか。」
「ごめんなさい。今、（　A　）ところです。また今度にしましょうか。」
（2016）
　　　A. 食べた　　B. 食べさせる　　C. 食べながら　　D. 食べていた
译文："还没吃饭吗？方便的话，一起（吃）怎么样？"
　　　"不好意思，我刚吃完。下次再一起（吃）吧。"

用法 6：「もう少しで～动词基本形＋ところだった」表示差点发生某种情况（实际上并没有发生，有惊无险）。
【真题再现】
今朝会社へ来る時、もう少しで電車に（　B　）。（2015）
　　　A. 遅れるところです　　　　　B. 遅れるところでした
　　　C. 遅れたところです　　　　　D. 遅れたところでした
译文：早上来公司时，差点就没赶上电车。

駅の階段を降りる時、足が滑って、もうすこしで階段で（　C　）だった。
（2020）

A. 転ぶばかり   B. 転んだばかり

C. 転ぶところ   D. 転んだところ

译文：下车站的楼梯时，脚一滑，差一点就摔在楼梯上。

【动词た形＋ところ、～】

【用法解说】

表示做了前项的事情后，出现了意想不到的后项。后项的成立带有偶然性或是意外的发现，相当于「たら」，"碰巧""不巧""没想到""发现"。也可以表示逆接，后项往往与意志或设想相反，此时常常使用「たところが」的形式。

【真题再现】

急いで店に行った（ C ）、休みだった。（2004）

     A. ところを   B. ところへ   C. ところ   D. ところに

译文：匆忙去了店里，没想到没有营业。

家へ帰ってさっそく箱を開けてみた（ A ）、皿が1枚割れていた。（2005）

     A. ところ   B. ように   C. おかげで   D. ばかりで

译文：回到家马上打开箱子看，发现打碎了一个碟子。

先生にお願いした（ D ）、さっそく承諾の返事をいただいた。（2009）

     A. もの   B. こと   C. ばあい   D. ところ

译文：拜托了老师，没想到马上得到了（老师的）同意。

【名词＋として】

【用法解说】

表示某种身份、资格、立场，"作为……""以……的资格""以……的立场"。

【真题再现】

かれは海外青年協力隊の一員（ B ）、外国で三年間農業指導をしてきた。（2009）

     A. にっとて   B. として   C. にかんして   D. にたいして

译文：他作为海外青年合作队的一员，在国外进行了三年的农业指导。

礼儀（ C ）ではなく、相手の気持ちを考えて物を贈ると、その心は伝わります。（2011）

  A. に対して B. にとって C. として   D. からして

译文：并非作为礼仪（而赠送），而是考虑到对方的心情而赠送的话，那份心意就会传达（给对方）。

李さんはバレーボールの選手（ B ）背が低い。（2017）

  A. によって B. としては C. によっては D. というより

译文：小李作为排球选手，个子有点矮。

「として→としては」表示强调、对比，即强调小李作为排球选手来看的话个子矮，而不是作为普通人来评价其身高。

医者(A)忠告します。今すぐタバコやお酒をやめてください。（2021）

  A. として B. となって C. にして   D. になって

译文：作为医生忠告（你）。请现在马上戒烟戒酒。

教師（ B ）30年間、生徒のことを考え続けてきた。（2023）

  A. までに B. として   C. ならば   D. であれば

译文：作为老师，30年一直想着学生的事情。

【～としても】

【用法解说】

接续：简体小句＋としても

表示逆接，就算前项出现特殊情况，后项也不会因此改变。译为"就算／即使……，也……"。

【真题再现】

雨が降った（ B ）、運動会は行われます。（2018）

  A. として B. としても C. とすれば D. といえば

译文：就算下了雨也要开运动会。

C选项「とすれば」：前接简体小句，表示假定条件，后项可以表示自然而然的结果、判断、推量等。例：予定どおりだとすれば、飛行機は9時に着くはずだ。（如果跟预定一样的话飞机应该9点到达。）

D选项「といえば」：表示提起某个话题，译为"说起……的话"。

【～とともに】

【用法解说】

也可以写成「と共に」，译为"和……一起；伴随……"，较为书面、正式的表达。

【真题再现】

最近、都会では人口の増加（　A　）、住宅問題がますます厳しくなってきた。（2012）

　　　A.とともに　　B.としたら　　　C.にしても　　　D.にしては

译文：最近，在城市，随着人口的增加，住宅问题变得越来越严峻了。

【～とは～ことだ】

【用法解说】

译为"所谓……就是……"，表示下定义、名词解释。

【真题再现】

異文化理解（　A　）、相手の言動を理解し、自分の言動を相手に理解してもらことです。（2019）

　　　A.とは　　　　B.のは　　　　　C.まで　　　　　D.には

译文：所谓异文化理解，就是理解对方的言行，并让对方理解自己的言行。

【简体小句＋とは】

【用法解说】

用于句末，表示震惊、惊讶、惊叹，有时后面会补上「～思わない」，译为"没想到……"。

【真题再现】

この問題は難しいと聞いていたが、それにしてもこれほど難しいとは（　A　）。（2007）

　　　A.思わなかった　　　　　　B.言わなかった
　　　C.分からなかった　　　　　D.行かなかった

译文：虽然听说了这个问题很难，但是没想到这么难。

【～とは限らない】

【用法解说】

译为"未必，不一定"，常和「必ずしも」一起使用，也可以表达为「～とも限らない」。

【真题再现】

彼は正直者だが、これに関しては、うそをついて（　B　）。（2003）

  A.いるとは限らない　　　　　　B.いないとは限らない

  C.いるに限る　　　　　　　　　D.いないに限る

译文：他是诚实人，但关于这个事，未必他不撒谎（即有可能撒谎）。

外国人であっても英語が上手に話せる（　D　）。（2019）

  A.ことです　B.ことがある　C.ほかはない　D.とはかぎらない

译文：即使是外国人，也未必英语就说得好。

【どれほど～】

【用法解说】

「ほど」表示程度，「どれほど」表示到哪个程度，译为"多么、如何、何等……"。

【真题再现】

一流の大学に合格して、（　D　）喜んでいることだろう。（2010）

  A.これほど　B.それほど　　　C.あれほど　　　D.どれほど

译文：考上了一流大学，是多么高兴的事啊！

未来の科学が（　D　）発達するか、想像もできません。（2017）

  A.完全に　　　B.非常に　　　　C.ずいぶん　　　D.どれほど

译文：未来的科学将会发展到何等程度，无法想象。

第8讲

【な】

【终止形＋な】

【用法解说】

终助词，表示禁止，译为"不要……，别……，不准……，不许……"。

【真题再现】

君、行く（　D　）と言っているのに、それでも行くのか。（2004）

　　　　A. ね　　　　B. よ　　　　　C. か　　　　　　D. な

译文：你啊，（我）明明反复说"不要去"，（你）还是要去吗?

【～ないこともない】

【用法解释】

接续：动词ない形／イ形容词词干＋く／ナ形容词词干＋で／名词＋で。

双重否定表示有某种可能性，回避直接肯定判断的委婉的表达方式，译为"也不是不……"，"有可能……"，"并非不……"。类似的表达还有「～ないことはない」「～ないものでもない」。

【真题再现】

心から謝るなら（　D　）のだが、あの態度では…（2010）

　　　　A. 許すこともない　　　　　B. 許せることもない

　　　　C. 許したこともない　　　　D. 許さないこともない

译文：如果是诚心地道歉的话，也不是不能原谅，但那种态度实在是……（不诚心的态度，难以原谅）。

【～ないですむ】

【用法解说】

「すむ」可以写为「済む」，译为"解决、对付、完成"之意。

「ないで」表示"在不做……的前提下做……"，可以把「ないで」变成更为书面的表达「ずに」译为"不做……就能解决"。

【真题再现】

調査データはEメールで送れば、わざわざ届け（　B　）。（2003）

A. なけらばならない　　　　B. ないですむ

C. ないではいられない　　　D. ないでいる

译文：调查数据如果用电子邮件发送的话，就不用特意亲自送过来。

【～ないといけない】

【用法解说】表示不做某事不行，即必须做某事。

同：なければならない／なくてはならない。

【真题再现】

「もう遅いから、寮に戻らなくていいじゃない？家に泊まったら？」

「いいえ、明日試験があるから、今日中に（　D　）。」（2020）

A. 戻ってください　　　　　B. 戻らなくてもいい

C. 戻ってはいけません　　　D. 戻らないといけません

译文："已经很晚了，不用回宿舍也行吧？要不在家里过夜？"

　　　"不，明天有考试，所以今天之内必须回去。"

【～ながら】

【用法解说】

用法1：「动词ます形＋ながら」表示具体动作同时进行，重点在后项，译为"一边……一边……"。

用法2：「体言／ナ形容词词干／动词型活用的连用形／イ形容词连体形＋ながら」表示两种相反的事项并存，译为"明知道……，仍然……"，"尽管……，仍然……"。

【真题再现】

今年は残念（　A　）、T大学の挑戦は失敗だったが、来年は絶対に合格したいと思う。（2006）

A. ながら　　B. しながら　　C. がちに　　　D. ことに

译文：今年很遗憾，挑战T大学失败，但明年一定要成功。

「狭い（　B　）楽しい我が家」という歌は大好きだ。（2017）

A. 以上　　B. ながらも　　C. とともに　　D. だけでなく

译文：我很喜欢《我家虽小但很快乐》这首歌。

笑ってはいけないと（　C　）、笑うのをおさえることはできなかった。（2020）

A. 思うように B. 思った結果

C. 思いながらも D. 思ったとおり

译文：虽然（心里）想着不能笑，但还是没能忍住笑。

やりたいと（　B　）何から始めたらいいのか分からない。（2021）

A. 考えてでも B. 考えていながら

C. 考えてまで D. 考えたほど

译文：虽然我想做，但不知道要从哪里开始比较好。

注意：「考えている」⇒「考えていながら」，使用持续体，表示"想做"的状态。

A 选项：【动词て形＋でも】表示为了达到目的可以不择手段，伴随着强烈的意志和希望，表达说话人的一种"不惜采取极端手段或代价"的坚强决心，结果可以是积极的也可以是消极的。例：家を売ってでも留学したい。（不惜把房子卖了也想去留学。）一般指这件事还没有做。

C 选项：【动词て形＋まで】表示程度，译为"甚至不惜……"。为达到某种目的，甚至不惜做出超乎寻常的事情。后面常接「ことはない」或者「必要がない」，表示没有必要为了某种目的而特意进行某种活动，没必要……。这件事既可以是做了，也可以是还没有做。例1：借金してまで遊びに行ったと聞いて、あきれてしまった。（听说他甚至不惜借钱去玩，真是让人无法理解。）

例2：仕事を休んでまで行く必要はないだろう。（没必要请假去吧。）

【なら】

【用法解说】

用法1：「名词＋なら」，表示提起某一话题，或就对方提出的话题提供相应的信息。

用法2：「名词1＋なら＋名词2」，表示列举典型例子。

用法3：「简体形＋なら」，表示假定条件，根据对方所讲述的事项或当时的情况，阐述说话人的意见、主张、想法等，向对方提出请求、建议、忠告。不受限制于前后顺序。

【真题再现】

討論を（　C　）、穏やかに丁寧に話したほうがいい。（2005）

A. すれば B. すると C. するなら D. して

译文：如果讨论，最好平静、礼貌地说话。

海外旅行に（　A　）、やはりフランスが一番いいです。（2008）
  A. 行くなら   B. 行けば
  C. 行くと   D. 行ったら
译文：如果去海外旅行，还是法国最好。

ベトナム語を勉強（　C　）、この辞書を使うことを勧めたい。（2009）
  A. すれば B. すると C. するなら D. したら
译文：如果学习越南语，推荐使用这本词典。

天安門に（　D　）、地下鉄で行ったほうがいいですよ。（2013）
  A. 行けば B. 行くと C. 行ったら D. 行くなら
译文：如果去天安门，最好坐地铁去哦。

【なんとか】

【用法解说】
用法1: 副词，表示想尽各种手段或方法做某事，译为"无论如何，想方设法"。
用法2:（虽谈不上满足的）但"总算，勉强，差不多"。

【真题再现】
ご無理とは思いますが、（　B　）お願いできませんか。（2006）
  A. なんだか B. なんとか C. さっぱり D. まったく
译文：虽然很难，但无论如何请您帮帮忙。

【なんとなく】

【用法解说】
表示说不清什么理由，译为"总感觉……，总觉得……"。另外也可以表示"无意中，不由自主地"。

【真题再现】
青い空を眺めていたら、（　D　）旅に出たい気分になった。（2016）
  A. なるほど   B. なんでも
  C. なるべく   D. なんとなく
译文：眺望着蓝天的话，不知道为什么就会萌生想去旅游的心情。
A 选项「なるほど」译为"确实，原来如此"，用以表示赞同对方意见或自己已经领会。
例：なるほど先生の言ったとおりだ。（确实正如老师所说。）

B 选项「なんでも」是疑问词＋でも＋肯定，表示全盘肯定。

C 选项「なるべく」译为"尽可能，尽量"。

例：なるべく早くご返事ください。（请尽早答复。）

この地名に鳥の名前がついているから、（　D　）かわいいなあと思った。
（2018）
　　　　A. なにも　　B. なんでも　　C. なんとか　　D. なんとなく

译文：这个地名带有鸟的名字，所以总觉得很可爱。

A 选项「なにも」是疑问词＋も＋否定，表示全盘否定。

B 选项「なんでも」是疑问词＋でも＋肯定，表示全盘肯定。

C 选项「なんとか」表示想方设法。「なんとかする」表示设法做。

【助词 に 】

【用法解说】

用法 1：表示变化结果。

【真题再现】

二、三年のうちに、この山を崩して、スキー場（　C　）する計画がある。
（2002）
　　　　A. を　　　　B. で　　　　C. に　　　　D. が

译文：计划在近 2、3 年内将这座山（削平 / 推倒 / 拆毁），建成 / 改造成滑雪场。

温度がマイナスになると、水が氷（　B　）なります。（2012）
　　　　A. で　　　　B. に　　　　C. を　　　　D. へ

译文：温度降到零下，水就会变成冰。

用法 2：表示选择。

【真题再现】

今度の会議はいつ（　A　）しますか。（2005）
　　　　A. に　　B. が　　　　C. か　　　　D. で

译文：下次会议要选在什么时候呢?

「いつ に しますか」译为"选择什么时候?"

「いつ しますか」译为"什么时候做?"，即"会议什么时候开?"。

時間がなかったから、朝ご飯はパンと牛乳（　A　）しました。（2006）
　　　　A. に　　　　B. を　　　　C. で　　　　D. が

译文：因为没时间，所以早饭吃了（选择了）面包和牛奶。

用法3：提示动作的对象、接受者。
【真题再现】
私は山田さん（　D　）駅へ行く道を教えてあげた。（2006）
　　　　A. へ　　　　B. を　　　　C. で　　　　D. に
译文：我告诉了山田去车站的路。（「に」"告诉"的对象）。

親（　B　）黙って、会社を辞めてしまった。（2011）
　　　　A. で　　　　B. に　　　　C. へ　　　　D. を
译文：瞒着父母辞了工作。
注意："对父母沉默"，即"不告诉、隐瞒父母"。「に」提示"隐瞒"的对象。

用法4：在被动、もらう、～てほしい等句型中提示动作发出者。
【真题再现】
途中で体の具合が悪くなって、近くを通った人（　C　）助けてもらった。（2015）
　　　　A. で　　　　B. を　　　　C. に　　　　D. も
译文：在半路身体不舒服，得到了附近路过的人的帮忙。

女性（　B　）野球の楽しさを知ってほしい。（2019）
　　　　A. しか　　　B. にも　　　C. さえ　　　D. へは
译文：希望女性也能了解棒球的乐趣。
注意：「に」提示「～てほしい」的动作主体，「も」表示同类的追加，译为"也"。

用法5：提示动作的着落点。
【真题再现】
外（　D　）布団を干したまま、出かけた。（2011）
　　　　A. を　　　　B. は　　　　C. で　　　　D. に
译文：把被子晾在外面就这么出门了。

道（　B　）倒れている人を助けました。（2018）
　　　　A. は　　　　B. に　　　　C. も　　　　D. へ
译文：帮助了倒在路上的人。

用法 6：表示评价的基准。
【真题再现】
これは熱（　A　）強い素材を使って作られた商品です。（2007）
　　　　A. に　　　　　B. で　　　　　C. を　　　　　D. と
译文：这是使用耐热性强的材料制作的商品。
「熱に強い」译为"耐热、耐高温"。

栄養があると言っても、食べ過ぎると体（　C　）よくない。（2021）
　　　　A. は　　　　　B. へ　　　　　C. に　　　　　D. で
译文：虽说有营养，但吃多了对身体不好。

用法 7：表示能力或情感的主体，主体一般是人。
【真题再现】
あの事件はわたし（　D　）忘れようとしても忘れることのできないものです。（2003）
　　　　A. のは　　　　B. のに　　　　C. では　　　　D. には
译文：那个事件/案件，对我来说想忘也无法忘记。

中学生のきみ（　B　）その問題が解けたとは、すごいことだ。（2007）
　　　　A. から　　　B. に　　　　C. は　　　　D. で
译文：作为中学生的你，居然解答了那个问题，真的是太厉害了。
「とは」表示震惊、惊讶。

こんな難しい問題は誰（　A　）答えられるわけがない。（2009）
　　　　A. にも　　　　B. へも　　　　C. のも　　　　D. とも
译文：这么难的问题，不管谁都不可能能答出来。

用法 8：提示动作进行的具体时间。
【真题再现】
桜の花が咲く頃（　B　）、雨がよく降る。（2014）
　　　　A. では　　　B. には　　　　C. とは　　　　D. へは
译文：樱花开放之时，常常下雨。

用法 9：提示存在的地点、场所。
【真题再现】
その言葉（　A　）うそは少しもなかった。（2014）

A. に　　　　B. へ　　　　　C. と　　　　　　D. や

译文：那句话里面完全没有谎言。

本题为存在句的灵活使用。「その言葉に、うそがない」→「うそはなかった」
→「うそは少しもなかった」

用法10：动词的固定搭配。由于某些原因对某事产生某些心理、感受，如
「～に苦しむ」「～に困る」「～に驚く」。

【真题再现】

昨日、自然災害（　C　）苦しんでいる人を助けるボランティア活動に
参加した。（2008）

A. を　　　　B. が　　　　C. に　　　　　D. と

译文：昨天，参加了帮助因自然灾害而受苦的人们的志愿者活动。

用法11：ナ形容词的变形。

【真题再现】

いつも料理を（　C　）作る美希さんは、高校卒業後、料理学校に入った。
（2013）

A. 上手な　　B. 上手で　　　C. 上手に　　　　D. 上手だ

译文：擅长烹饪的美希高中毕业后，进入了烹饪学校。

「上手だ」为ナ形容词。其接续如下：上手な＋名词。

「上手に＋动词」。如：上手に作る／上手に教える

キャンパスを（　B　）するには、何をやればよいのでしょうか。（2017）

A. きれいだ　B. きれいに　　C. きれいで　　　D. きれいさ

译文：为了打扫干净校园，应该做什么呢?

「～をきれいにする」译为"把……弄干净、弄漂亮"。

【～において】

【用法解说】

表示动作进行的场所、场面、状况。译为"在……地方"，"在……时候、
时期"，"在……领域、方面"。

【真题再现】

今年の春、九州の長崎（　A　）世界環境会議が開かれる予定です。（2011）

A. において　B. にかけて　　C. にわたって　　D. について

译文：今年春天，预定在九州的长崎召开世界环境会议。

【～に応じて】

【用法解说】表示后述事项适应前述事项、情况做出积极的反应或相应的变化，译为"按照、根据……"。

例：お客様のご予算に応じて、いろいろな物が用意してあります。

（本店根据顾客的预算准备了各种商品。）

中顿形为:「～に応じて／に応じ」。后接名词一般用「～に応じた＋名词」。

【真题再现】

人は必要に（　A　）環境を変えていく。（2020）

　　　A. 応じて　　B. 対して　　　C. とって　　　　D. ついて

译文：人类会根据需要改变环境。

【～にかぎらず、～】

【用法解说】

接续：名词＋にかぎらず

可以表示为「～に限らず」，译为"不只限于……，（其他的也……）"。

【真题再现】

イギリスの学生（　B　）、日本語を学ぶ学生は、たいてい漢字が難しいと言う。（2005）

　　　A. をいわず　　　　　　　B. にかぎらず

　　　C. をとわず　　　　　　　D. もかまわず

译文：不只限于英国的学生，学日语的学生大部分都说汉字很难。

【～に関して／～について】

【用法解说】

接续：名词＋に関して

同「～について、～」，表示事物和行为所涉及的对象，对其相关的内容进行具体描述，译为"关于、有关"。常用于表示说、听、思考、写、调查等行为所涉及的对象。

「～に関する／～に関しての＋名词」＝「～についての＋名词」。

【真题再现】

最近のニュース（　C　）、レポートをまとめるという宿題が出た。（2006）

　　　A. にとって　　　　　　　B. において

　　　C. について　　　　　　　D. にくわえて

译文：留了针对近期的新闻汇总提交报告的作业。

法律（　A　）ことは鈴木先生にお聞きください。（2016）

　　　A. に関する　B. に基づく　　C. について　　　D. に対する

译文：关于法律的事情请问铃木老师。

この薬の安全性（　C　）の調査は今始まったばかりだ。（2017）

　　　A. によって　B. にとって　　　C. について　　　　D. にしたがって

译文：关于这种药的安全性的调查刚刚开始。

【～に決まっている】

【用法解说】

接续：动词简体形／イ形容词／ナ形容词词干／名词＋に決まっている

表示根据自己的直感做出的确信度很高的主观推测判断。译为"肯定……"
"无疑……"。

【真题再现】

今度の選挙では、実力も人気もあるあの若い候補者が勝つに（　C　）。（2006）

　　　A. 限られている　　　　　　B. 限っている

　　　C. 決まっている　　　　　　D. 決めている

译文：这次选举，肯定是那个既有实力又有人气的年轻候选人胜出。

飲酒運転をしたら、危ない（　D　）。（2009）

　　　A. にきめている　　　　　　B. にきまっていない

　　　C. にきまってある　　　　　D. にきまっている

译文：如果酒驾的话，肯定很危险啊！

人生を笑って生きましょう。明日はきっと、今日よりもいい日（　D　）。（2022）

　　　A. にしている　　　　　　　B. に決めている

　　　C. にわたっている　　　　　D. に決まっている

译文：笑着度过人生吧。明天一定会比今天好。

A 选项「名词１＋を＋名词２＋にする」表示"把……当作……"。例：
花見を趣味にしている。（将赏樱花当作兴趣爱好）。

「名词＋にする」表示选择。

「～ことにしている」表示因某种主观决定而形成的习惯，以前做的决定，
养成了现在的习惯。不可用于自古以来的、一般意义的习惯、礼仪。

B 选项「決める」，他动词，译为"决定，规定"。例：朝は早く起きる

ことに決めている。（我规定自己早起。）

C 选项「にわたっている」原形为「～にわたる」，中顿形可用「～にわたって／わたり」，前接表示时间或者地点范围的名词，表示时间和空间跨度，译为"在……范围内，涉及……"，强调时间长、范围广。例 1：今度の会議は 10 日間にわたって行われるそうです。（听说这次的会议要开上 10 天。）例 2：ここから 200 メートルにわたって桜の並木が続いている。（从这里往前 200 米的路两旁并排种着樱花树。）

【～に比べて】

【用法解说】

译为"与……相比"。「比べる」（くらべる）译为"比较"。

【真题再现】

今年の雪は、いつもの年に（　D　）たくさん降ったそうだ。（2012）

　　A. 対して　　B. 関して　　　C. 代わって　　　D. 比べて

译文：听说今年的雪与往年相比下得多（今年下雪比往年多）。

【～に従って】

【用法解说】

接续：名词／动词基本形＋に従って。

用法 1：表示按照命令、意见、契约、规则、习惯等去做后项的事情，译为"按照……，遵循……"。

用法 2：表示随着某一方面发生变化，其他方面也发生改变，译为"随着……"。同「～につれて」。

【真题再现】

規則があるから、それに（　D　）あれこれ考えなくてすむものだ。（2010）

　　A. 向かって　B. 向かえば　　C. したがわれて　D. したがえば

译文：因为有规则，只要遵循（那些规则），那么无须过多考虑就能解决。

ご飯を食べる前に、日本の習慣（　D　）「いただきます」と言います。（2016）

　　A. によって　B. について　　C. に対して　　　D. に従って

译文：在吃饭前，遵循日本的习惯说"我开动了"。

両国間の文化交流が進むに（　D　）相互理解もいっそう深まっていった。
（2020）
　　　　A. 関して　　　B. とって　　　C. 対して　　　　D. 従って
译文：随着两国间文化交流的发展，相互间的理解也进一步加深了。

【～にすぎない】

【用法解说】
接续：名词／动词简体句＋にすぎない。
译为"只不过是……而已"。

【真题再现】
万能と言われるコンピューターも人間の作り出した道具の一つ（　C　）。（2009）
　　　　A. にかぎっている　　　　　B. しかない
　　　　C. にすぎない　　　　　　　D. にきまっている
译文：被称作万能的电脑也只不过是人类创造出来的工具之一而已。

【～にそって】

【用法解说】
接续：名词＋にそって。「沿う」⇒「沿って」⇒「～にそって」
译为"顺着、按照、沿着、根据"。前接道路、河边、岸边、方针、路线等。

【真题再现】
父は毎日夕食後、川（　A　）散歩します。（2015）
　　　　A. にそって　B. について　　C. にかけて　　　D. に対して
译文：父亲每天晚饭后都会沿着河边散步。

【～にそなえる】

【用法解说】译为"为……做准备、防备"。
【真题再现】
地震に（　C　）日頃から身の回りの安全を確保しましょう。（2023）
　　　　A. うけて　　　B. とめて　　　C. そなえて　　　D. まもって
译文：为防备地震，平时就要确保自己周遭的安全。

【～に対して】

【用法解说】

接续：前接名词。「～に対する／～に対しての＋名词」。

用法 1："对谁采取……态度、施加……动作、实施……行为"，提示动作、感情施与的对象。

用法 2：表示前后项的对比。

【真题再现】

漢字が音も意味も表わすの（　D　）、ひらがなとカタカナは音しか表わさない。（2002）

　　　　A. にそって　B. にとって　　C. について　　　D. にたいして

译文：汉字既表音又表意，与之相对，平假名和片假名仅仅表音。

最近、中国では公害を出す企業（　D　）批判が強くなっている。（2013）

　　　　A. にあたる　B. に応じる　　C. にわたる　　　D. に対する

译文：最近在中国对产生公害的企业的批评越来越强烈。

社外の人と話す場合は、自分の上司（　C　）敬語は使いません。（2018）

　　　　A. につれて　B. にとって　　C. に対して　　　D. によって

译文：和公司外部的人交谈时，对自己的上司不使用敬语。（内外有别，对外人的时候，自己人都用自谦表达。）

この現象（　D　）批判する人が増えてきた。（2021）

　　　　A. につれて　B. にとって　　C. にしたがって　D. に対して

译文：对这一现象进行批判的人增多了。

【～に違いない】

【用法解说】同「～に決まっている」「～に相違ない」。是「～に相違ない」书面正式的表达。

【真题再现】

信じられないことだが、やはり新聞に出ている以上、事実に（　C　）。（2005）

　　　　A. 関係ない　B. 限らない　　C. 違いない　　　D. ありえない

译文：虽然难以置信，但既然刊登在报纸上，肯定是事实。

彼の携帯電話に何度もかけたが全然出ない。きっと部屋に忘れて出かけ

た（　D　）。（2014）

  A. べきだ B. はずだ   C. かもしれない D. にちがいない

译文：打了好多次他的手机，但是没有接。肯定是（把手机）落在房间就出门了。

【～につれて】

【用法解说】

接续：「名词／动词基本形＋につれて」。

随着前项的变化，后项也相应地发生了变化，译为"伴随、随着"。

【真题再现】

医療技術の進歩（　C　）、人間の平均寿命ものびている。（2010）

  A. にとって B. にそって C. につれて   D. にわたって

译文：随着医疗技术的进步，人类的平均寿命也一直增长。

子どもたちの成長（　D　）、家族の夕食の時間がばらばらになってきた。（2016）

  A. について B. にしては C. にとって   D. につれて

译文：随着孩子们的成长，家人的晚饭时间变得零散。

【～にとって】

【用法解说】

表示从谁的立场、观点来看，后项一般是说话者的评价、判断或主张的内容。译为"对于……来说"，"从……角度来看"。

【真题再现】

かのじょ（　C　）、勉強は趣味の１つだという。（2006）

  A. にたいして   B. にむかって

  C. にとって   D. にあたって

译文：听说，对她而言，学习是兴趣之一。

子ども（　A　）、父親の存在はとても大きなものだ。（2007）

  A. にとって B. において C. について   D. によって

译文：对孩子来说，父亲的存在是很重要的。

ピアノを弾くことは、わたし（　A　）一番の楽しみです。（2013）

    A. にとって　B. について　　C. にたいして　　D. にわたって

译文：弹钢琴对我来说是最大的乐趣。

今の若者（　C　）、インターネットは車よりも魅力的なものです。
（2014）

    A. に対して　B. に関して　　C. にとって　　　D. について

译文：对现在的年轻人来说，网络比汽车更有吸引力。

【动词基本形＋には、～】

【用法解说】

提示目的，要完成前项的动作，译为"就得、就要……"。前项为某个目的、某件事情，后项为达成这个目的所需要的条件或者要做的事情。

【真题再现】

学校から駅へ行く（　D　）、このバスが便利です。（2016）

    A. と　　　　B. し　　　　C. まで　　　　D. には

译文：从学校去车站，这趟公交车比较方便。

ピアノを習う（　A　）、いい先生が必要だ。（2017）

    A. には　　　B. ため　　　C. うちに　　　D. ように

译文：要学钢琴，需要好老师。

【～にもかかわらず】

【用法解说】

尽管出现了前项的情况，但后项的结果却与预想的、理所应当的结果不一样。译为"尽管、即使……也……"。

【真题再现】

朝から強風（　D　）、花は散らなかった。（2015）

    A. にも　　　B. ても　　　C. にしても　　　D. にもかかわらず

译文：尽管从早上起就刮大风，但花也没有被吹散。

【～に基づいて】

【用法解说】

译为"以……为基础，以……为依据，根据／按照……"。

【真题再现】

調査した資料に（　D　）、レポートを書かなければならない。

　　　　A. 対して　　B. とって　　　C. めぐって　　　D. 基づいて

译文：必须根据调查的资料写论文。

【～によって】

【用法解说】

用法 1：根据前面的情况不同，后项也会有所不同。

用法 2：提示原因、理由。

用法 3：提示手段依据、根据。

用法 4：在被动句中提示动作的发出者，通常表示某种发明、创造的动作主体。

【真题再现】

こんな複雑な計算はコンピューターの発達（　A　）はじめて可能となった。（2002）

　　　　A. によって　B. について　　C. につれて　　　D. にしたがって

译文：这么复杂的计算，由于电脑的发达才有可能（做到／实现）。

未成年の飲酒は、法律（　A　）禁止されている。（2006）

　　　　A. により　　B. による　　　C. にかぎり　　　D. にかぎる

译文：根据法律，禁止未成年人饮酒。

注意：「により」是「によって」的书面表达。

この場所で営業することは、法律（　B　）禁止されている。（2007）

　　　　A. にたいして　　B. によって　C. にかんして　　D. にとって

译文：根据法律，禁止在这个地方营业

今夜はところに（　A　）、大雪になるかもしれない。（2008）

　　　　A. よって　　B. たいして　　C. ついて　　　　D. つれて

译文：今晚有的地方可能会下大雪。

今回の台風（　C　）多くの農家が被害を受けた。（2021）
　　　　A. にとって　B. に対して　　C. によって　　　D. について
译文：因为这次台风，很多农户都遭到了灾害。

【～にわたって】

【用法解说】

前接表示时间或者地点范围的名词，表示时间或空间的跨度，强调时间长、范围广。译为"在……范围内"，"遍及……"。

【真题再现】

ボランティア活動は全国に（　A　）行われていました。（2003）
　　　　A. わたって　B. かかわって　C. かけて　　　　D. たいして
译文：志愿者活动在全国范围内进行。

1週間（　B　）、環境問題についての世界的会議が開かれた。（2005）
　　　　A. にかけて　B. にわたって　C. にしたがって　D. において
译文：关于环境问题的世界性会议开了一整周。

ことしの農業展覧会は上海で8日間（　C　）行われた。（2007）
　　　　A. にともなって　　　　　　　B. にそって
　　　　C. にわたって　　　　　　　　D. にしたがって
译文：今年的农业展览会在上海进行了8天。

南部地域では、かなり広い範囲に（　C　）大雨が降るでしょう。（2012）
　　　　A. つれて　　B. よって　　　C. わたって　　　D. したがって
译文：在南部地区，应该会在很广的范围下大雨吧。

今度の国際会議は10日間（　D　）行われるそうです。（2019）
　　　　A. にとって　B. に関して　　C. に対して　　　D. にわたって
译文：听说这次的国际会议要举办10天。

第9讲

【ぬ】

【～ぬく】

【用法解说】

接续：动词ます形＋ぬく。

用法1：表示完成，强调过程，带有"历经艰苦、战胜种种困难、一直坚持到最后"之意。

对比：「动词ます形＋きる」表示完成时，强调结果，表示该项动作完成得彻底。

用法2：非常。

【真题再现】

マラソンの途中、何度もあきらめようと思ったが、最後まで走り（　C　）。（2003）

  A. かけた   B. だした   C. ぬいた   D. おわった

译文：马拉松的中途，好几次想放弃，但还是跑完了全程。

【ね】

【ね】

【用法解说】

语气助词，表示征求对方同意或向对方进行确认；表示轻微的感叹。

【真题再现】

「本田さん、あなたは魚が嫌いでした（　A　）。」

「いいえ、好きですよ。」（2004）

  A. ね   B. よ   C. の   D. わ

译文："本田，你讨厌鱼对吧？"

   "不，（我）喜欢（鱼）啊。"

「面白そうな本だ（　C　）。」

「うん、読むなら、貸してあげるよ。」（2010）

  A. よ   B. か   C. ね   D. ぞ

译文："好像是很有趣的书呀。"

   "嗯，（你）要看的话，借给你呢。"

【の】

【の】

用法1：连接两个名词，表示前后两个名词之间的所有、内容、关联或所属关系。

【真题再现】

高校時代最後（　C　）運動会は一生忘れられない。（2019）
　　　A. で　　　　　B. を　　　　　C. の　　　　　D. と

译文：一辈子都无法忘记高中时代最后的运动会。

用法2：提示定语从句中的主语，从「が」转变为「の」。

【真题再现】

私はあなた（　A　）言ったとおり、明るい服を着てここに来ました。（2004）
　　　A. の　　　　　B. へ　　　　　C. から　　　　　D. と

译文：我按你所说的，穿着鲜艳的衣服来到了这里。

用法3：做形式名词，使前面的内容名词化。多用于具体的事情或代替人。
例：日本へ行ったのは李さんです⇔日本へ行った人は李さんです。

【真题再现】

南の空へ飛行機が飛んでいく（　A　）が見える。（2013）
　　　A. の　　　　　B. と　　　　　C. もの　　　　　D. こと

译文：看到飞机飞往南边的天空。

人の気持ちを勝手に想像する（　B　）やめてください。（2018）
　　　A. には　　　　　B. のを　　　　　C. ので　　　　　D. のに

译文：请不要擅自揣测别人的心情。
注意：「の」将前半部分的动词词组"擅自揣测别人的心情"名词化，「を」提示「やめる」的宾语。

用法4：前后连接同一体言，表示同位语。

【真题再现】

この前、同僚（　A　）田中さんと一緒に京都へ出張しました。（2022）
　　　A. の　　　　　B. に　　　　　C. を　　　　　D. へ

译文：前不久，和同事田中一起去京都出差了。

【～のではないか】

【用法解说】
对应的口语形式是「～んじゃないか」译为"是不是……？应该……？"，表示说话人委婉的看法或判断，带有不确定和疑问的语气。

【真题再现】
「佐藤さんは昨日来たかな。」

「さあ、（　B　）と思うけど。」（2010）

  A. 来ようじゃないか   B. 来たんじゃないか

  C. 来るじゃないか   D. 来るんじゃないか

译文："佐藤昨天来了吧？"

   "哎呀，我想（她／他）应该来了吧。"

【のに】

【用法解说】
用法1：表逆接，后项为已知的或已经发生的事实，带有因结果和预想不同而感到遗憾、意外、不满、后悔等心情。译为"明明……，可是……"。

注意：前面为简体形，当前面是名词或ナ形容词时，需要加上「な」再接「のに」。

由于前后项均为既定事实，所以后项不使用请求、愿望或祈使等表达方式，后项常常省略。

【真题再现】
一生懸命に走った（　　D　　）、間に合いませんでした。（2011）

  A. し   B. から   C. ので   D. のに

译文：明明拼命地跑了，却还是没赶上。

井上さんはいつも（　　B　　）のに、今日は静かですね。（2014）

  A. 元気   B. 元気な   C. 元気で   D. 元気だ

译文：井上平时总是很活泼，今天却很安静呢。

せっかくおいしい料理を作った（　　A　　）、誰も食べてくれませんでした。（2016）

  A. のに   B. ので   C. なら   D. だけ

译文：特意做了很好吃的饭菜，却没有人吃。

彼女はこんなことをする人ではなかった（　B　）。（2017）

        A. より　　　　　B. のに　　　　　C. しか　　　　　D. ほど

译文：她明明不是会做这种事的人。

注意：省略了后项，后项被省略的内容是"怎么就做这种事了呢？"

用法2：表示基准。

宿題を書く（　C　）2時間もかかりました。（2020）

        A. とも　　　　　B. ほど　　　　　C. のに　　　　　D. のを

译文：写作业竟然花了2个小时。

注意：表示基准的时候，其实是「の」+「に」，「の」将前面的动词词组"写作业"名词化，「に」提示基准。

【～のもとで／～のもとに】

【用法解说】

表示在某人身边／手下做某事；在什么环境、影响、前提、名义、条件下做某事，译为"在……之下"。

【真题再现】

事情があって、彼は小さいころから祖父母（　D　）育てられた。（2006）

        A. のせわに　　　B. をもとに　　　C. のそばに　　　D. のもとで

译文：因不得已的缘故，他很小就在祖父母身边养育。

注意：B选项表示"以……为参考"，"以……为基础"，书面语表达。

【は】

【～ばかり】

用法1：「名词＋ばかり」译为"全是、都是、净是……"。

用法2：「动词て形＋ばかり＋いる」表示反复进行同一动作或保持同一状态。译为"老是……，一味地……"。

【真题再现】

田中さんはへーえ、へーえと聞いて（　B　）いて、自分の意見は言わない。（2004）

        A. ぐらい　　　　B. ばかり　　　　C. だけ　　　　　D. しか

译文：田中只是（一边说着）"啊""啊"一边听着，不说自己的意见。

遊んで（ D ）いないで、しっかり勉強しなさい。

      A. だけ   B. しか   C. ほど   D. ばかり

译文：不要老是玩，好好学习。

【～はず】

【用法解说】

表示说话人根据自己掌握的常识、经验、信息情报等进行合理推测判断，推测应当出现的结果，属于个人主观推测。

【真题再现】

昨日遅くまでテレビを見ていたから、本田さんは今日はとても眠い（ C ）だ。（2006）

      A. から   B. まで   C. はず   D. ばかり

译文：昨天看电视看到很晚，所以本田今天应该很困。

きょうは会社が休みだから、渡辺さんは自宅にいる（ C ）です。（2007）

      A. べき   B. こと   C. はず   D. つもり

译文：因为今天公司不上班，所以渡边应该在家。

以上のテータから考えると、この町の人口は今後も増え続ける（ D ）だ。（2009）

      A. から   B. まで   C. まま   D. はず

译文：从以上的数据来看，这个城市的人口今后应该也会继续增长。

スミスさんはその方を知っている（ C ）です。（2015）

      A. うち   B. まま   C. はず   D. ところ

译文：史密斯应该认识那个人。

注意：本题没有把判断、推测的依据讲出来，但是其他三个选项从接续及意思就被排除了。

もう北京に着いた（ A ）なのに、どうして連絡が来ないのだろう。（2016）

      A. はず   B. わけ   C. べき   D. つもり

译文：明明应该已经到达北京了，为什么没有联系？

注意：B选项「动词基本形／イ形容词基本形／ナ形容词＋な／名词＋な」＋わけだ

用法1：表示根据某种既定事实，作出理所当然的结论，译为"当然……，难怪……"。

例：暑いわけだ。38度もある。（难怪这么热，竟然有38度。）

用法2：表示换言之，译为"也就是说……，换句话说……"，常和「つまり」「ということは」搭配使用。

例：つまり、もう昼ご飯を食べたわけですね。（也就是说你已经吃过午饭了呢。）

明日は金曜日だから、父は仕事の（　　B　　）です。（2018）
      A. わけ   B. はず   C. こと   D. もの
译文：明天是星期五，所以爸爸应该要工作。

お知らせに地図があるから、会議の場所が分かる（　　C　　）です。（2019）
      A. ため   B. ところ   C. はず   D. とおり
译文：通知里有地图，所以应该知道会议的地点。

その経験をしたことのない人に、私の気持ちなど分かる（　　B　　）がない。（2020）
      A. まま   B. はず   C. もの   D. とおり
译文：没经历过那些事情的人，不可能理解我的心情。
注意:「はずがない」表示按照客观事实或情理、某种情况不会发生，译为"不会……，不可能……"。

おかしいなあ。木村さんまだなの？先に着いている（　　D　　）なんだけど。（2021）
      A. つもり   B. ところ   C. わけ   D. はず
译文：好奇怪啊。木村还没到吗？他应该先到的呀。

【～はもちろん、～も～】

【用法解说】
译为"……自不必说，……也……"。

【真题再现】
田中さんは国内旅行（　　B　　）もちろん、海外旅行もよくする。（2002）
      A. が   B. は   C. に   D. も

译文：田中不仅仅是国内旅游，还经常去国外旅游。

面接試験では、話し方（　D　）、服装などにも気をつける必要がある。
（2014）

        A. の反面　　　　B. としては　　C. に過ぎず　　　　D. はもちろん

译文：面试时，说话方式自不必说，还必须注意服装等。

連休中、天安門広場は（　A　）のこと、近くの公園も人でいっぱいだ。
（2016）

        A. もちろん　　　B. もっとも　　C. もうすぐ　　　D. ずいぶん

译文：连休时，天安门广场自不必说，附近的公园也很多人。

兄は観光がすきで、国内旅行は（　A　）、海外旅行もよくします。（2019）

        A. もちろん　　　B. ぜんぜん　　C. さっそく　　　D. どんなに

译文：哥哥喜欢观光旅游，国内旅游自不必说，也经常国外旅游。

大学では日本語は（　D　）、英語も勉強しなければならないから、大変
です。（2022）

        A. ほか　　　　　B. とても　　　C. もつとも　　　D. もちろん

译文：在大学里，日语自不必说，英语也必须学习，很辛苦。

【～ば良かったのに】

【用法解说】

表示说话人感到遗憾或者谴责听话人，多用于实际没有发生或者现实与期
待相反的场合，译为"要是当时……就好了"。

对比：「～て良かった」表示说话人对之前做过的事情感到庆幸，译为"幸
亏做了……"。

【真题再现】

そんな大事なことなら、事前に言って（　C　）良かったのに。（2023）

        A. くれて　　　　B. くれると　　C. くれれば　　D. くれるなら

译文：如果是那么重要的事情的话，明明事先告诉我就好了。（实际上并
没有事先告诉我，包含了说话者对此的不满／遗憾。）

【ふ】

【～ぶりに】
【用法解说】
接在表示时间的名词后，表示隔了一段时间后再次做某事。后项使用过去时态。
【真题再现】
5年（　C　）再会した2人は半年で結婚しました。（2018）
　　　A.ずつ　　　　　B.まで　　　　C.ぶりに　　　　D.までに
译文：过了5年才重逢的两人半年就结婚了。

【へ】

【～べきだ】
【用法解说】
接续：动词基本形＋べきだ。
表示说话者认为有何种义务。基于社会常识、道德规范，那样做是对的，那样做是应该的。多用于对对方的建议、劝告。其中「するべき」可写成「すべき」译为"应该……"。
【真题再现】
義務教育法に従えば、子どもが6歳になったら小学校に入る（　B　）です。（2015）
　　　A.こと　　　　B.べき　　　　C.まま　　　　D.たい
译文：根据义务教育法，小孩子到了6岁就应该上小学。

いい事をした人を大いにほめる（　D　）だ。（2017）
　　　A.まま　　　B.うえ　　　C.ない　　　D.べき
译文：应该大力表扬做了好事的人。

このことは彼女に言う（　A　）か分からない。（2023）
　　　A.べき　　　B.はず　　　C.わけ　　　D.ため
译文：这件事，不知道是否应该跟她说。

【ほ】

【～ほど】

【用法解说】

用法1：构成比较的句型，表示比较的基准，后接否定，表示未达到所列举事例的程度，译为"没有那么……"，"不如……"。注意：此时「ほど」句末谓语的时态取决于句子的主题，跟比较的基准的时间无关。

【真题再现】

美千子はみんなが騒ぐ（　A　）優秀ではない。（2004）

  A. ほど   B. のに   C. けど   D. より

译文：美千子没有大家传言得那么优秀。

若いころ（　C　）お酒が飲めなくなりました。（2005）

  A. まで   B. ぐらい   C. ほど   D. しか

译文：（现在变成）没有年轻时候那么能喝酒了。

その映画は、思った（　B　）面白くなかったです。

  A. より   B. ほど   C. くらい   D. ばかり

译文：那部电影没有想象中的有趣。

今日の試験は、思った（　A　）難しくありませんでした。（2014）

  A. ほど   B. しか   C. さえ   D. ばかり

译文：今天的考试，没有想象的那么难。

今日は昨日（　A　）暑くありません。（2015）

  A. ほど   B. より   C. だけ   D. さえ

译文：今天没有昨天那么热。

注意：句末使用现在时态，句末的时态取决于句子主题"今天"，而非比较基准的"昨天"。

ぼくはお母さんが思っている（　C　）子どもじゃない。（2023）

  A. まで   B. さえ   C. ほど   D. でも

译文：我并不像妈妈想的那样还是个小孩（那么幼稚）。

用法2：「～ば～ほど」，表示随着前项的程度发生变化，后项的程度也相应地发生变化，译为"越……越……"。「ほど」可以写成日语汉字「程」，还可以表示为「～なら～ほど」，或者只保留「～ほど」而省略掉前面的「ば」

形的部分。

例：パーティーはにぎやかなら、にぎやかなほど、楽しい。

（派对越热闹，就会越开心。）

例：ダイヤモンドは（大きければ）大きいほど高い。

（钻石越大越昂贵。）

【真题再现】

車社会が発展すれば（　B　）地球上の石油が少なくなる。（2013）

　　　　A.するなら　　　B.するほど　　C.するばかり　　D.するしか

译文：汽车公司越发展，地球上的石油就会变得越来越少。

睡眠時間が短い（　A　）体重が増えると言われている。（2020）

　　　　A.ほど　　　　B.には　　　　C.さえ　　　　D.まで

译文：据说睡眠时间越短，体重越容易增加。

注意：完整的表达是「短ければ短いはど」，此处省略了前面的「短ければ」的部分。

電気製品の機能が多ければ多い（　B　）使いにくいと言われている。

（2022）

　　　　A.しか　　　　B.ほど　　　C.さえ　　　　D.まで

译文：据说电子产品的功能越多越难用。

用法3：表示事物程度，强调同类事物中的最高极限。

【真题再现】

ふだんほとんど笑わない小林さんでさえ笑う（　B　）、先生の冗談はおもしろかった。（2002）

　　　　A.しか　　　B.ほど　　　C.でも　　　D.だけ

译文：老师（说的）笑话很有趣，有趣到连平时不怎么笑的小林都笑了。

体の弱い者にとっては、医療費が安い（　D　）ありがたいことはない。

（2003）

　　　　A.では　　　B.こそ　　　C.だけ　　　　D.ほど

译文：对于体弱者来说，没有比医疗费便宜更值得庆幸的事。

（所有值得庆幸的事情中，最值得庆幸的就是医疗费便宜了。）

北国の冬は大変です。特に大雪の時は、雪が降り積もって、2階から出入りしなければならない（　C　）です。（2005）

A. まで　　　　B. うえ　　　C. ほど　　　　D. だけ

译文：北方的冬天很辛苦，尤其是下大雪的时候，积雪达到了要从二楼出人的程度。

社会の変化が（　A　）はやいと、ついていけない人もいる。（2006）
　　　　A. これほど　　B. それほど　　C. このほど　　D. そのほど

译文：如果社会的变化这么快的话，也有人跟不上（社会变化的节奏）。
　　　　「ついていく」译为"跟得上"。
　　　　「これほど」译为"这么、如此"，即"这样的程度"。

王さん（　C　）親切な人にあったことがありません。（2012）
　　　　A. ばかり　　　B. まで　　　　C. ほど　　　D. ながら

译文：没遇到过像小王那样亲切热情的人。

ごちそうは食べられない（　C　）たくさん出してくれました。（2017）
　　　　A. わけ　　　B. ため　　　C. ほど　　　　D. のに

译文：为我们提供了多到吃不完的美味佳肴。

第 10 讲

【ま】

【～前に】
【用法解说】
接续：「名词＋の／动词基本形」＋前に。
译为"在……之前"。
【真题再现】
わたしはいつも（　B　）前に歯を磨きます。（2006）
　　　A. 寝た　　　　　B. 寝る　　　　　C. 寝て　　　　　D. 寝ます
译文：我总是在睡前刷牙。

【また】

【用法解说】译为"又……，再……"。
【真题再现】
風邪が完全に治っていないのに、無理をして会社に行ったら、（　B　）具合が
悪くなってしまった。（2002）
　　　A. まだ　　　　B. また　　　　C. そこで　　　　D. それに
译文：感冒还没有完全好却勉强去了公司，结果身体状况又恶化了。

【まだ】

【用法解说】译为"还没……，尚未……"。
【真题再现】
あれから（　D　）1か月もたっていない。（2004）
　　　A. もう　　　　B. また　　　　C. いま　　　　D. まだ
译文：在那之后，还没到一个月。

「あの人はもう結婚していますか。」
「いいえ、（　D　）結婚していません。」（2012）
　　　A. ただ　　　　B. また　　　　C. もう　　　　D. まだ
译文："那个人已经结婚了吗？"
　　　　"没有，还没有结婚。"

【まったく】

【用法解说】译为"完全……";"实在……、真……、太……"。
【真题再现】
彼があの発明に成功したのは（　D　）の偶然だと言っていい。（2003）
　　　A. すべて　　　　B. ときどき　　C. わずか　　　　D. まったく
译文：可以说他那个发明的成功是完全的偶然。

彼の職場は男性ばかりで、化粧する人は（　A　）いない。（2012）
　　　A. まったく　　　B. せっかく　　C. すっかり　　　D. はじめて
译文：他（所在的）职场全是男性，化妆的人完全没有。

【まで】

用法1：提示时间、空间等的终点；表示状态的持续，即提示在某个时间点前，一直持续某个行为动作，其实同样是"终点"，只不过前面不是单纯的时间名词／地点名词，而是表示时间终点或地点终点的复杂／特殊的表达而已。
【真题再现】
駅（　B　）歩いて、そこから地下鉄に乗りました。（2003）
　　　A. では　　　　　B. まで　　　　C. を　　　　　　D. に
译文：走到车站，然后乘坐了地铁。

新幹線は込んでいて、東京（　C　）ずっと立ったままだった。（2004）
　　　A. にまで　　　　B. までで　　　C. まで　　　　　D. までに
译文：新干线很拥挤，直到东京，一直站着。

李さんはいつ（　D　）日本にいますか。（2008）
　　　A. で　　　　　　B. に　　　　　C. が　　　　　　D. まで
译文：小李在日本待到什么时候呢?

あの人は車に乗ってから目的地に着く（　A　）、ずっとしゃべっていた。（2011）
　　　A. まで　　　　　B. までに　　　C. とき　　　　　D. あと
译文：那个人自上车之后，直到到达目的地（的那一刻），一直在聊天。
用法2：表极端举例，逻辑的终点，译为"连……都……"。

【真题再现】

科学の進歩によってとうとう月（　B　）行けるようになった。（2003）

　　　A. までに　　　　B. にまで　　　C. でまで　　　　D. までで

译文：由于科学进步，最终就连月球也可以去了。

月に行ける→月にまで行ける：去月球，可以去到月球那么远。

この方の絵は中国国内ではもちろん、海外（　C　）人気があるようだ。（2010）

　　　A. くらい　　　　B. ばかり　　　　C. まで　　　　D. ほど

译文：这个人的画在中国国内自不必说，就连在国外好像也很受欢迎。

注意：原本的句型是「～はもちろん、～も～」。本题把「も」升级到了「まで」，表示后面列举的例子是很高程度的极端例子。

両親（　A　）私の行動を理解してくれなかった。（2013）

　　　A. まで　　　　B. へは　　　　C. とは　　　　D. から

译文：就连父母也没理解我的行为。

注意：一般而言，就算其他人不理解"我"，父母也会理解"我"，现在连最亲近的父母都不理解"我"了，属于极端举例、逻辑的终点。

【～までに】

【用法解说】表示在某个时间点前完成某个行为动作，译为"在……之前"。

【真题再现】

わたしは毎晩、11 時半（　C　）必ず寝るようにしています。（2007）

　　　A. まで　　　　B. までは　　　C. までには　　　D. まででは

译文：我每天晚上 11 点半之前一定会睡觉。

注意：「～ようにしている」表示将某种行为作为自己的习惯，强调通过个人努力保持某种习惯。

来週の月曜日（　C　）この本を返してください。（2016）

　　　A. ずつ　　　　B. しか　　　　C. までに　　　　D. ながら

译文：请在下周一之前归还这本书。

【动词基本形＋までもない】

【用法解说】表示没必要做到那么高程度的事，译为"用不着……"，"无

须……"。

可使用对应的中顿形式：「～までもなく、～」。

「言うまでもない」译为"不用说……，不言而喻……"。

「言うまでもなく、～」中顿形式，用于句首，译为"众所周知／不用说，……"。

【真题再现】

その程度の用事なら、わざわざ行く（　B　）。電話で十分だよ。（2013）

  A. までもある　　　　　　　　B. までもない

  C. ほどもある　　　　　　　　D. ほどもない

译文：如果是那种程度的事，无须特意去，打电话就可以了。

【～まま】

【用法解说】

用法1：「动词た形＋まま」表示附带状况，指动作主体做完前项行为后，保持着该状态去做其他事情。即：在前项原封不动的情况下做了后项，译为"在……状态下，就……"。前项的事情多半是不该有的，或是反常的，不得已才做的。

用法2：「动词ない形＋まま」表示在没有做前项的状态下做某事。

例：父は時々鍵をかけないまま出かけた。（爸爸时常不锁门就出门了。）

用法3：「名词＋の＋まま」，或者「この／その＋まま」，表示保持在某个状态下做某事。

例1：浴衣のまま（で）出勤してはいけません。（不能穿着浴衣就去上班。）

例2：そのままにしてください。（就那样做吧。）

【真题再现】

眼鏡をかけた（　B　）、寝てしましました。

  A. ほど　　　　　B. まま　　　　C. もの　　　　　　D. こと

译文：戴着眼镜就睡觉了。

おじいさんはいつも手に携帯を持った（　A　）、携帯を探している。（2023）

  A. まま　　　　　B. わけ　　　　C. べき　　　　　　D. ほど

译文：爷爷总是手里拿着手机找手机。

注意：「手に携帯を持った」译为"拿在手里"，「に」提示动作的着落点。

【まもなく】

【用法解说】

接续：「动词て形＋まもなく、～」；或者作为副词单独使用。

译为"……之后没多久就……"。

【真题再现】

入社して（　A　）、研修生として日本へ行くチャンスが与えられた。
（2006）

  A. まもなく B. いよいよ C. たちまち D. そろそろ

译文：进入公司后没多久就得到了作为进修生去日本的机会。

【み】

【見える】

【用法解说】

接续：名词＋が見える。

译为"能看到、能看见，什么东西映入眼帘"，自动词，主语是能看见的东西。

【真题再现】

子供たちが歩いていくほうに公園（　A　）。（2004）

  A. が見える B. が見る C. と見える D. と見られる

译文：孩子们步行远去的那边能看到公园。

子供が遊んでいるの（　B　）見えます。（2005）

  A. は   B. が   C. に   D. を

译文：能看到孩子正在玩。

新しくて白い建物（　D　）見えるでしょう。あれが王さんの家です。
（2014）

  A. で   B. に   C. を   D. が

译文：能看到新的白色的建筑物吧？那是小王的家。

この建物から町の景色がとてもよく（　B　）。（2020）

  A. 見ます B. 見えます C. 見せます D. 見ています

译文：从这栋建筑能很好地看到城市的风景。

注意：由「景色が」可知后接自动词。A 选项的「見る」为他动词，"看、看见"，用「を」提示宾语。C 选项的「見せる」为他动词，"给……看"，

"让……看"，用「を」提示宾语。例：写真を先生に見せる。（把照片给老师看。）D选项「見ている」表示正在看。

【見つける】

【用法解说】他动词，译为"找到……，发现……"。

【真题再现】

ずっと探していたかぎは鈴木さんが（　C　）くれた。（2021）

　　　A. 見せて　　　　B. 見えて　　　　C. 見つけて　　　　D. 見つかって

译文：之前一直在找的钥匙，铃木帮我找到了。

注意：本题主语是铃木，寻找的物品即宾语是「かぎ」。本来宾语应该用助词「を」提示，但是本题把宾语放到句子前面，用「は」来强调了"一直在找的钥匙"。

铃木找到钥匙(　鈴木さんが「ずっと探していた鍵を」見つけてくれた)⇒钥匙是铃木找到的。

【め】

【めったに】

【用法解说】后项使用否定表达，译为"几乎不……"。

【真题再现】

小林さんは体が丈夫で（　B　）学校を休みません。（2007）

　　　A. やはり　　　　B. めったに　　　C. たしか　　　　D. かならずしも

译文：小林身体很强壮，很少请假。

【も】

【助词も】

【用法解说】「疑问词＋も」后项使用肯定式或否定式，表示全面肯定/全面否定。

【真题再现】

その店の品物は（　D　）ほこりだらけで、とても売れそうにない。（2003）

　　　A. これも　　　B. それも　　　C. あれも　　　　D. どれも

译文：那家店的东西全都满是灰尘，看样子很难卖出去。

今日まであの人のことを思い出さない日は（　A　）もなかった。（2022）

   A. 一日   B. 一週間   C. 一か月   D. 一年

译文：至今为止，我没有一天不想念那个人。

【～も～ば～も～】【～も～なら～も～】

【用法解说】

列举多个事项或者多种属性。译为"既……又……"。

例：日本語も話せば、フランス語もできる。（既会说日语，又会说法语）

  李さんは作家でもあれば、歌手でもある。（李先生既是作家，又是歌手）

【真题再现】

佐藤さんは動物が好きで、いろいろ飼っている。鳥も（　D　）、犬もいて、とてもにぎやかだ。（2002）

   A. いると   B. いったら C. いっても D. いれば

译文：佐藤喜欢动物，养了很多。既有小鸟，又有小狗，很热闹。

この子はまだ5歳なのに、本も（　D　）字も書ける。（2018）

   A. 読み   B. 読む   C. 読もう   D. 読めれば

译文：这个孩子明明才5岁，却既能读书又会写字。

注意：「本が読める、字が書ける」⇒「本も読めれば、字も書ける」。

【～ものか／～ものですか】

【用法解说】

用于句末表示强烈的否定，译为"哪能，怎能"。口语、亲密的人之间常常使用「もんか」「もんですか」。

【真题再现】

あんな怠けの彼が、試験に合格できる（　D　）。（2006）

   A. ことだ   B. ことか C. ものだ   D. ものか

译文：那么懒惰的他，怎么可能通过考试！

【～ものがある】

【用法解说】

表示强烈的肯定语气,常与「には」呼应使用,构成存在句式的外形,译为"感到,感觉,确实是……"。

【真题再现】

特別にきれいな声ではないが、彼女の歌には、何か心を打たれる
(　C　)。(2005)

　　　A. ことがある　　　　　　　B. おそれがある
　　　C. ものがある　　　　　　　D. ほどである

译文:虽然不是特别优美的声音,但她的歌声确实能打动人心。

【ものだ】

用法1: 前接动词及两类形容词的连体形时,表示感叹、感慨、高兴、叹息等强烈的感情。

用法2: 前接过去时态的简体形时,用于回想、述说过去的情形及过去经常发生的事。

用法3: 表示一般常识,从一般常识出发认为某事是符合常理的,此事往往是被普遍认可的,译为"理应……,本来就是……"。

对比:「ことだ」表示劝告、忠告,就事论事,用于具体的例子。

【真题再现】

健康な時には病気の苦しさがなかなかわからない(　D　)です。(2002)
　　　　A. ところ　　　B. つもり　　　C. こと　　　　D. もの
译文:健康的时候,很难理解生病的痛苦。

知っている人と道で出会ったら、普通あいさつをする(　B　)である。
(2006)
　　　　A. ため　　　　B. もの　　　C. しだい　　　D. こと
译文:在路上遇到认识的人,一般应该打招呼。

地震の時は、誰でも慌てる(　C　)。
　　　A. ことだ　　　B. くらいだ　　C. ものだ　　　D. ばかりだ
译文:地震的时候,谁都会慌张的。

このコマーシャルは小さい時よく見た(　A　)。(2017)
　　　A. ものだ　　　B. ものか　　　C. ことだ　　　D. ことか

译文：这个广告小时候常常看。

【～ものだから】

【用法解说】

对应的敬体是：「～ものですから」。主观强调原因、理由的作用，常用于辩解的场合，表示因为前项的原因，才迫使做了后项或发生了后项，后项多为意外的或令人惊讶的事情，译为"因为……"；"由于……"。

【真题再现】

このところ忙しかった（　B　）ですから、電話もしないで、ごめんなさい。（2011）

   A. こと   B. もの   C. はず   D. べき

译文．因为最近很忙，所以没打电话，不好意思。

第 11 讲

【や】

【助词や】

動物は人間にとって、ある時には愛すべきペットであり、ある時には食材（　D　）商品でもある。（2023）

   A. に   B. が   C. は   D. や

译文：动物对于人类来说，有时是可爱的宠物，有时又是食材或商品。

注意：D 选项副助词「や」表示对事物的不完全列举，表示举出有代表性的例子，暗示还有其他，符合题意。A 选项「名词＋に＋名词」可表示累加、添加，但这里并非"添加"的意思。B 选项表示主语；C 选项表示主题。

【よ】

【～ようがない】

【用法解说】

接续：动词ます形去掉ます／名词＋の＋ようがない。

意思：表示因为各方面因素的影响，无法达成某事，译为"没有办法……，无法……"。同「动词ます形去掉ます＋方がない」。

【真题再现】

彼の病気は（　C　）がなかったそうだが、奇跡的に治ってしまった。（2013）

   A. 治そう   B. 治しそう C. 治しよう   D. 治すらしく

译文：听说他的病没办法治，却奇迹般地痊愈了。

治す：他动词，译为"治疗"。

治る：自动词，译为"（疾病）痊愈"。

【ようだ】

【用法解说】

接续：前接小句简体形（名词小句去だ＋の，ナ形容词小句去だ＋な）。

用法 1：表推测，表示说话人通过对人或事物的观察，以及凭借自身的经验、感觉所作出的不确切的判断（侧重于主观推测）。

【真题再现】

「このスープ、ちょっとからくないですか。」

「どうでしょうね。ちょっと飲んでみましょう。うーん、ちょっと
（　A　）ですね。」（2003）

　　　A. からいよう　　　　　　　　B. からいそう

　　　C. からいらしい　　　　　　　D. からそう

译文："这个汤，有点咸吧？"

　　　"是吗？（我）喝一下看看。嗯，好像是有点咸。"

注意：喝了以后觉得咸，通过自己的味觉作出的主观判断。

かれは健康な（　C　）、ほんとうは病気がちなんです。（2007）

　　　A. ように　　　　B. ようには　　　C. ようで　　　D. ようでは

译文：他看起来好像很健康的样子，但其实常常生病。

これはずいぶん古いものの（　A　）ね。きっと高かっただろう。（2013）

　　　A. ようだ　　　　B. そうだ　　　C. みたい　　　　D. らしい

译文：这个好像是很古老的东西呢。肯定很贵吧。

中村さんは朝から頭が痛いと言っています。風邪の（　A　）です。（2014）

　　　A. よう　　　　　B. そう　　　　C. みたい　　　　D. らしい

译文：中村从早上开始就一直说头痛，好像感冒了。

「最近（　C　）ね。　ご飯はちゃんと食べてるの？」

「食べてるよ。」（2023）

　　　A. 痩せそうだ　　　　　　　　B. 痩せてみた

　　　C. 痩せたようだ　　　　　　　D. 痩せたところだ

译文："最近好像瘦了呀。饭有在好好吃吗？"

　　　"有在好好吃饭哟。"

用法 2：表示比喻。

【真题再现】

だめだと思っていた大学に合格して、まるで夢の（　D　）です。（2011）

　　　A. らしい　　　　B. みたい　　　C. そう　　　　　D. よう

译文：考上了原以为考不上的大学，简直像做梦一样。

今日は暖かくて、まるで春の（　A　）です。（2015）
　　　　A. よう　　　　　　B. そう　　　　　　C. みたい　　　　D. らしい
译文：今天很暖和，简直就像春天一样。

用法 3：举例，列举出典型的人或物，译为"像……那样（的）"。
【真题再现】
交通ルールを守らない（　B　）ことをしてはいけませんよ。（2012）
　　　　A. ように　　　　B. ような　　　　C. ようだ　　　D. ようで
译文：不能做不遵守交通规则那样的事情哦。

ここ数年、大学に入る人が増えている（　A　）ニュースを聞いた。（2018）
　　　　A. ような　　　B. ように　　　C. らしく　　　D. そうに
译文：听到了近几年上大学的人越来越多这样的新闻。

まだ 10 月の始めなのに寒くて、まるで冬になったかの（　C　）。（2021）
　　　　A. そうだ　　　　B. らしい　　　　C. ようだ　　　　D. みたいだ
译文：明明才 10 月初就这么冷了，仿佛入冬了一样。
注意：「かのようだ」表示虽然实际上不是那么回事，但是给人的感觉好
像是那么回事。有时也用于说话人的一种遐想。对比「〜ようだ」，带有
一种不确切的推断语气。译为"就像……"。

对比：
【みたいだ】

【用法解说】
接续：动词简体／イ形容词简体／ナ形容词词干／名词＋みたいだ。
「ようだ」的口语形式。
【真题再现】
あの 2 人はどんなことをするのにもいっしょで、まるで兄弟（　D　）。（2002）
　　　　A. ようだ　　　　B. らしい　　　　C. そうだ　　　　D. みたいだ
译文：那两人不管做什么事情都一起，就像兄弟一样。

田中さんは甘いものが嫌い（　A　）。（2010）
　　　　A. みたいだ　　　B. ようだ　　　C. べきだ　　　D. たがる
译文：田中好像讨厌甜食。

彼女は子ども（　C　）泣いていた。（2019）
　　　A. ように　　　　B. ような　　　C. みたいに　　　　D. みたいな
译文：她像孩子一样哭泣。

【～ようとする】

【用法解说】
接续：动词意向形＋とする。
前接意志动词时，表示准备做、打算做、努力尝试做。前接非意志动词时，
表示动作、变化即将开始（或结束）。

【真题再现】
どんなに教えても、本人に（　C　）気がなければむだである。（2003）
　　　A. 覚えようと　　　　　　　B. 覚えようにもない
　　　C. 覚えようとする　　　　　D. 覚えようとしない
译文：不管怎么教，如果本人没有要学的意向的话也是白费工夫。

病気なのに、太郎は学校を（　C　）。（2004）
　　　A. 休むようにしない　　　　B. 休むようにする
　　　C. 休もうとしない　　　　　D. 休みたい
译文：虽然生病，但太郎不打算请假。

一生懸命勉強して、希望校に合格（　B　）とする。
　　　A. できる　　　B. しよう　　C. いこう　　　　D. するよう
译文：我努力学习想要考上理想的学校。

この机は重すぎて、いくら押しても（　C　）。（2005）
　　　A. 動こうとは思わない　　　B. 動こうとも思わない
　　　C. 動こうとしない　　　　　D. 動こうとしていない
译文：这张桌子太重了，不管怎么推也动不了。

授業が終わって、家へ（　C　）としたら、雨が降ってきました。（2011）
　　　A. 帰る　　　　B. 帰りたい　　C. 帰ろう　　　D. 帰るよう
译文：下课了，正要回家，却下起了雨。

部屋で本を（　B　）としていると、先生に呼ばれました。（2014）
　　　A. 読め　　　　B. 読もう　　C. 読みよう　　　D. 読むよう
译文：正准备在房间里看书，就被老师叫了。

この前、棚の上のものを（ C ）としたら、転んでしまった。（2017）
      A. 下ろす   B. 下ろした   C. 下ろそう   D. 下ろしたい
译文：前段时间，正要把架子上的东西取下来的时候，跌倒了。

【～ように】

【用法解说】
用法1：
接续：非意志动词的基本形／ない形＋よう（に）。
　　　意志动词可能形的基本形／ない形＋よう（に）。
为了使某种状态、状况成立（或不成立）而采取某种行为。前后项的动作
主体可以不一致。
对比：「动词基本形／名词の ＋ために」前后项动作主体必须一致，且前
项一般为意志动词，表示通过努力可以实现的事情。

【真题再现】
この階段教室は、一番後ろの席でもよく見える（ C ）設計されている。
（2009）
        A. ほど   B. ぐらい   C. ように   D. ために
译文：这个阶梯教室被设计为最后面的座位也能看清楚。

子供にも分かる（ A ）、わたしはやさしい言葉で説明しました。（2010）
        A. ように   B. そうに   C. ためで   D. ままで
译文：为了让孩子也能懂，我用简单的语言解释说明了。

用法2：
接续：动词基本形／动词ない形＋ように＋言う／伝える／注意する／
頼む。
表示间接引用，「ように」提示传达、指示等引用的具体内容，后面的动
词一般是「言う」（说）、「伝える」（转告）、「注意する」（提醒）、
「頼む」（拜托）等与传达相关的动词。

【真题再现】
ぜひ試験に合格できます（ D ）と、彼女は手を合わせて祈った。（2005）
        A. ために   B. なんて   C. かぎり   D. ように
译文：她合掌祈祷"一定要通过考试"。

田中さんにお酒をあまり飲まない（ B ）言ってください。（2022）

A. らしく　　　B. ように　　C. そうで　　　D. みたいに

译文：请叮嘱铃木不要喝太多酒。

注意：「田中さんに」的「に」用于提示动作「言う」的对象。

【～ようにする】

【用法解说】

接续：动词基本形／动词ない形＋ようにする。

表示努力使某种行为、状况得以成立（或不成立）。一般使用意志动词。

注意：「～ようにしている」表示将某种行为作为自己的习惯，强调通过个人努力保持某种习惯。

对比：「动词基本形／动词ない形＋ことにする」，表示说话人的决定或意志，"决定（不）做……"。「～ことにしている」单纯地叙述个人的决定或习惯，不涉及"努力"的因素。

【真题再现】

体にいいので、なるべく野菜をたくさん食べる（　C　）。

A. ことができます　　　　B. ことになっています

C. ようにしています　　　D. ことがあります

译文：因为蔬菜对身体好，所以我尽量努力多吃蔬菜。

【～ようになる】

【用法解说】

接续：动词基本形／动词ない形／意志动词可能形／意志动词可能形的ない形＋ようになる。

表示状况、能力等发生某种改变。译为"（变得）可以……了"，"（变得）能够……了"。注意：「～ようになっている」表示变化已成为固定的规章制度或长期存在的状况，而不是偶尔一次的变化。或者表示某种装置或设施被设计成具有某种自动功能或特殊作用。

对比：「动词基本形／动词ない形＋ことになる」表示由于外在原因（非个人意志决定）导致了某种结果，或形成了某个决定，译为"要……了，定下来……了"，"定下来不……了"。「～ことになっている」用于表示客观规定的事情形成了一种规章制度等长期的状态，多用于说明一些惯例、日常生活中的规定、法律、纪律等。

【真题再现】

何か非常事態が起こると、このドアは自動的に閉まる（　A　）。（2007）

A. ようになっている　　　　B. ことになっている
C. ようになっていた　　　　D. ことになっていた

译文：一旦发生什么紧急情况，这扇门就会自动关闭。

わずか1年ばかり勉強しただけで、いまは日本語で手紙も書ける
（　D　）。（2008）

　　A. ようにする　　B. ようにした　C. ようになった　D. ようになる

译文：仅仅学了一年而已，现在可以用日语写信了。

もっと速く走れる（　D　）なりたいです。（2012）

　　A. みたい　　　　B. そうに　　　　C. らしく　　　　D. ように

译文：希望能跑得更快。

日本で3年間生活して、納豆が食べられる（　D　）。

　　A. ようにする　　　　　　B. ようとする
　　C. ようにしている　　　　D. ようになる

译文：在日本生活了3年，我现在能吃纳豆了。

この機械はどこか故障すると、ベルが鳴る（　D　）。（2018）

　　A. ほうがいい　　　　　　B. わけではない
　　C. ことになる　　　　　　D. ようになっている

译文：这台机器某个地方出故障的话，就会响铃。

【より】

【用法解说】提示比较的基准，后接肯定表达。

【真题再现】

今度出された料理は好きなもの（　A　）嫌いなもののほうが多かった。
（2011）

　　A. より　　　　B. がち　　　　C. には　　　　D. では

译文：这次提供的饭菜，比起我喜欢吃的，我不喜欢吃的更多。

肉体の若さ（　C　）、精神の若さのほうが大切だ。（2014）

　　A. ほど　　　　B. から　　　　C. より　　　　D. とは

译文：比起肉体的年轻，精神上的年轻更重要。

【～より しかたがない】

【**用法解说**】除此以外，别无他法。

【**真题再现**】

ビザの期限が切れてしまったら、国へ帰るより（　D　）。（2005）

　　　A. わけない　　　B. ことない　　C. しかない　　　D. しかたない

译文：签证期限过了的话，只能回国了。

第 12 讲

【ら】

【らしい】

用法 1：前接小句简体形（名词小句、ナ形容词小句去掉だ），表示说话人比较有把握、确信度比较高的推测。

【真题再现】

あの人は病気にかかっている（　　A　　）、このごろずっと薬を飲んでいる。（2009）

　　　　A. らしく　　　B. そうに　　　　C. ように　　　　D. みたく

译文：那个人好像生病了，最近一直在吃药。

その話は、どうもほんとう（　　B　　）。（2015）

　　　　A. ようだ　　　B. らしい　　　　C. のそうだ　　　　D. のみたい

译文：那件事情好像是真的。

其他三个选项的接续如下：A 选项为「ほんとうのようだ」。C 选项为「ほうとうそうだ」。D 选项为「ほんとうみたい」。

そのアニメは人気がある（　　A　　）、見る人が多いですね。（2019）

　　　　A. らしく　　　B. そうな　　　　C. ように　　　　D. みたいに

译文：那部动画好像很有人气，看的人很多呢。

用法 2："名词 1 ＋らしい＋名词 2"表示"名词 2"具有"名词 1"的典型特征，译为"像样的、典型的、地道的、真正意义上的"。

【真题再现】

あの方は学生の指導に熱心で、本当に先生（　　A　　）先生ですね。（2004）

　　　　A. らしい　　　B. のらしい　　　C. ような　　　　D. のような

译文：那个人对指导学生很热心，确实是名副其实的老师。

こんなことが言えるのは彼女（　　A　　）。（2017）

　　　　A. らしい　　　B. そうだ　　　　C. ようだ　　　　D. みたいな

译文：能说出这样的话，很像她（即符合她的性格）。

彼はどんな困難も恐れず、本当に男（　　C　　）。（2018）

　　　　A. みたい　　　B. ようだ　　　　C. らしい　　　　D. そうだ

译文：他不惧任何困难，是真正的男子汉。

向こうに病院（　B　）建物がある。（2020）
　　　A. そうな　　　B. らしい　　　　C. ような　　　　D. ように
译文：那边有个像是医院的建筑物。

「王さんの誠意あふれたあいさつ、感動したよ。」
「王さん（　A　）あいさつでしたね。」（2023）
　　　A. らしい　　　B. そうな　　　　C. ように　　　　D. のような
译文："小王充满诚意的问候，令人感动呀！"
　　　"那真是典型的小王式的问候呢！"

【～わけだ】

【用法解说】

接续：「动词基本形 / イ形容词基本形 / ナ形容词＋な / 名词＋な」＋わけだ。

用法 1：表示根据某种既定事实，作出理所当然的结论，译为"当然……，难怪……"。

例：暑いわけだ。38 度もある。（难怪这么热，竟然有 38 度。）

用法 2：表示换言之，译为"也就是说……，换句话说……"，常和"つまり""ということは"搭配使用。

例：つまり、もう昼ご飯を食べたわけですね。（也就是说你已经吃过午饭了呢。）

【真题再现】

さっき説明したように、あしたの試験は 9 時に始まる（　A　）ですから、遅刻しないように気をつけてください。（2002）
　　　　A. わけ　　　B. はず　　　　C. こと　　　　D. ため
译文：正如刚才说的那样，明天的考试 9 点开始，所以请注意不要迟到。

窓が全然開いていないから、暑い（　A　）。（2012）
　　　A. わけだ　　　　　　　　B. わけがない
　　　C. わけではない　　　　　D. わけにはいかない
译文：因为完全没有开窗，当然热。

【～わけではない】

【用法解说】否定想当然的推测，译为"未必如此"。

【真题再现】

何に使うか分からないけど、どうしても貸してくれというなら、
（　C　）が。（2002）

  A. 貸すわけでもない   B. 貸すわけがない

  C. 貸さないわけでもない D. 貸さないわけがない

译文：虽然不知道用于什么（用来干什么），但是如果（你）说"请无论如何借给我"的话，也并不是不能借（给你）。

わたしは彼の計画に反対だが、彼の考えていることも分からない
（　B　）。（2004）

  A. わけにはいかない   B. わけではない

  C. はずではない   D. べきではない

译文：虽然我反对他的计划，但并非不理解他考虑的事情。

すべての病気が西洋医学で治せる（　B　）。（2005）

  A. ところではありません B. わけではありません

  C. ことではありません D. はずではありません

译文：并非所有的病都能用西医治疗。

私はかれの意見には反対だが、かれの考えていることが分からない
（　B　）。（2005）

  A. わけにはいかない   B. わけではない

  C. はずではない   D. べきではない

译文：虽然我反对他的意见，但并非不理解他考虑的事情。

日本は経済大国と言われているが、日本人がみなお金持ち（　C　）。（2007）

  A. であるはずではない B. ではないはずではない

  C. であるわけではない D. ではないわけではない

译文：虽然都认为日本是经济大国，但并非所有的日本人都是有钱人。

君のことを忘れていた（　A　）んだけど、いろいろ忙しくて連絡できなかったんだ。（2010）

  A. わけではない   B. ものではない

  C. ところではない   D. わけにはいけない

译文：虽然并没有忘记你，但忙于各种事情而没能联系（你）。

仕事は給料さえ高ければいいという（　C　）。（2017）
　　　A. だけではありません　　　　B. はずではありません
　　　C. わけではありません　　　　D. ほどではありません
译文：工作并非只要工资高就好。

運動が嫌いな（　D　）が、忙しくてできない。（2021）
　　　A. はずだ　　B. はずではない　C. わけだ　　　　D. わけではない
译文：我不是讨厌运动，而是太忙了所以（没时间）做不了。

【助词を】

用法 1：提示他动词的宾语。
【真题再现】
患者さんのためなら、（　D　）頼まれてもかまいません。（2002）
　　　A. 何でも　　B. 何も　　　　C. 何が　　　　D. 何を
译文：如果是为了患者，不管被拜托什么都没关系。

わたしの卒業（　A　）両親がどんなに楽しみにしているかと思うと、
怠けているわけにはいかない。（2003）
　　　A. を　　　　B. が　　　　C. に　　　　D. へ
译文：一想到父母有多么期待我的毕业，我就觉得绝不能懈怠。
注意：本题把宾语前置了，原本的语序应是「両親がどんなにわたしの卒
業を楽しみにしているか」。

全員が無事であること（　B　）お祈りします。（2012）
　　　A. と　　　　B. を　　　　C. に　　　　D. が
译文：祈祷全部人平安无事。

田舎の妹がこの写真（　A　）送ってくれた。（2019）
　　　A. を　　　　B. に　　　　C. の　　　　D. で
译文：乡下的妹妹把这张照片寄给了我。

わたしたちはみんな、それぞれの考え（　D　）持っている。（2020）
　　　A. に　　　　B. が　　　　C. へ　　　　D. を

译文：我们每个人都有各自的想法。

子どもが大きくなって着られなくなった服（　A　）、小さい子がいる友達にあげる。（2023）
  A. を   B. が   C. で   D. に
译文：把孩子长大穿不了的衣服（送）给有小孩的朋友。
注意：题干中的动词「あげる」表示我或我方的人给别人，或第三方给第三方物品。常见语序：AはBに物をあげる。题目语序：（Aは）物を、Bにあげる。（本题中授予者A没有出现）。

用法2：表示移动、经过某个场所。
【真题再现】
こんな月もない夜の山道（　D　）、よく迷わずに越えられたね。（2003）
  A. が   B. に   C. で   D. を
译文：这种连月亮都没有的夜晚的山路，真亏你能不迷路地穿越过去了啊。
注意：其实是「山道を越えられた」，中间插入了「よく迷わずに」。

まもなく3番線（　D　）電車が通過いたします。危ないですから、黄色い線の内側までお下がりください。（2007）
    A. へ   B. に   C. で   D. を
译文：电车即将通过3号线。很危险，请退到黄线内侧。

猫は塀の上（　B　）走っていた。（2011）
    A. は   B. を   C. と   D. が
译文：猫在围墙上跑来跑去。

ほら、たくさんの小鳥が空（　C　）飛んでいますね。（2013）
    A. で   B. に   C. を   D. と
译文：看，很多小鸟在天上飞哦。

すみませんが、このバスはA大学の前（　C　）通るでしょうか。（2017）
    A. へ   B. に   C. を   D. で
译文：不好意思，请问这趟公交会经过A大学前吗？

高い山（　B　）登ると高山病になりやすいということです。（2022）
  A. の   B. を   C. で   D. が

译文：攀登高山的话很容易得高原病。

用法 3：表示离开某个场所。
【真题再现】
お降りの際、バスが完全に停車してからお席（　B　）お立ちください。
（2009）
　　　　A.へ　　　　B.を　　　　　C.で　　　　　D.に
译文：下车时，请在公交车完全停稳之后再从座位上起身（即：离开座位）。

彼は文房具を売る 6 階でエレベーター（　A　）降りた。（2014）
　　　　A.を　　　　B.は　　　　　C.に　　　　　D.も
译文：他在卖文具的 6 楼下了电梯。

用法 4：表示经过的时间。
【真题再现】
わたしは昆明で子ども時代（　D　）過ごしていました。（2015）
　　　　A.へ　　　　B.が　　　　　C.の　　　　　D.を
译文：我在昆明度过了童年时代。

用法 5：提示自动词使役形的动作主体。
【真题再现】
約束の時間より 2 時間も遅れたので、みんな（　B　）心配させました。
（2016）
　　　　A.に　　　　B.を　　　　　C.が　　　　　D.で
译文：因为比约定的时间晚了两个小时，所以让大家担心了。
注意：提示他动词使役形的动作主体则使用助词「に」。

【名词+を通して】

【用法解说】
表示行为或信息传达的手段、媒介，根据前项的手段、媒介等去完成后项的事情。译为"通过……"
【真题再现】
入院（　D　）お医者さんの優しい心がよく分かった。（2009）
　　　　A.をとおって　　　　　　　B.をもとにして
　　　　C.をともにして　　　　　　D.をとおして

译文：通过住院，清楚地了解了医生的温柔。

【～を通じて】

【用法解说】前项为时间、空间的词时，表示连续、连贯，意为"在整个期间、整个范围内"。还可以表示"通过……"的意思，此时前者为某种媒介、手段、方式。

【真题再现】

うちでは一年（　D　）およそ 40 種類の野菜を作っている。（2023）

　　　A. に伴って　　B. に応じて　　　C. に限って　　　D. を通じて

译文：我们家一年到头种植大约 40 种蔬菜。

注意：C 选项「名词＋に限って」表示限制，译为"仅限，仅有"。

【～をはじめ】

【用法解说】

译为"以……为首""首先……"。

【真题再现】

この前、西安で兵馬俑（　A　）、碑林や華清池などの名所旧跡を見て回った。（2013）

　　　A. をはじめ　　B. をもとに　　　C. をこめて　　　D. をとおして

译文：最近，在西安漫游了兵马俑、碑林、华清池等名胜古迹。

第 13 讲

【授受动词】

【～をあげる】【～てあげる】
【～をさしあげる】【～てさしあげる】
【～をやる】【～てやる】

【用法解说】

授予者は / が　接受者に　某物を　あげる。
表示给予他人某物，译为"给……"。

授予者は / が　接受者に　动词「て」形＋あげる。
表示我或我方人员为他人做，或者第三方为他人做某事。

当表示给予上级、长辈等级别比自己高的人某物或某个动作时，需要将「あげる」变成「さしあげる」。
授予者は / が　上级、长辈等级别比自己高的人に　某物を　さしあげる。
授予者は / が　上级、长辈等级别比自己高的人に　动词「て」形＋さしあげる。

注意：本句型一般用于对第三者陈述事实，如 A 同学对 B 同学说「B さん、昨日、私は田中先生に荷物を持って差し上げました」，而不能直接对上级、长辈说。当需要直接对上级、长辈说"我给您某物" / "我为您做某事"时，应使用以下表达。
送东西给老师，可以说：
「先生、つまらないものですが、どうぞ、お受け取りください。」
碰到老师拿着很重的行李，可以说：
「先生、お荷物を　お持ちしましょう。」（主动提出做某事：（私が）～ましょう。）

当表示给予晚辈、下级或动植物某物或某个动作时，需要将「あげる」变成「やる」。
注意：当接受者是动植物时要使用「やる」，不用「あげる」（あげる只能用于晚辈、下级）。

【真题再现】

おばあさんの荷物を持って（　A　）、おばあさんはとても喜んでくれた。
（2007）
　　　　A. あげたら　　　B. くれたら　　　C. もらったら　　　D. いただいたら
译文：我为奶奶拿行李，奶奶很开心。
「喜んでくれた」：奶奶给予我开心的反应，我感到欣慰、满足。

林さん、山田さんが場所が分からないって言っているので、会場までの
地図を書いて（　C　）。（2009）
　　　　A. やっていただきますが　　　　B. いただいてください
　　　　C. あげてください　　　　　　　D. もらってください
译文：小林，山田说不知道地点，请你写一下到会场的地图给他。

私たちは先生の誕生日のお祝いに花を買って（　B　）ました。（2013）
　　　　A. やり　　　　B. あげ　　　　C. もらい　　　　D. ください
译文：我们给老师买了花，作为老师的生日贺礼。

子供は自分の感情を表現できないこともあるので、その時大人が助けて
（　B　）。（2014）
　　　　A. くれましょう　　　　　　　B. あげましょう
　　　　C. もらいましょう　　　　　　D. さしあげましょう
译文：小孩有时候无法表现自己的感情，那个时候，大人就帮帮他们吧。
「助けてあげる」：说话者与听话者同为成年人，陈述作为成年人，应该
为孩子做某事。

渡辺さんは毎晩お子さんにおもしろい絵本を読んで（　B　）。（2016）
　　　　A. くれます　　　B. あげます　　　C. いただきます　D. さしあげます
译文：渡边每晚给孩子读有趣的绘本。

姉は毎朝6時に電話で友だちを起こして（　A　）ます。（2019）
　　　　A. あげ　　　　　B. もらい　　　C. いただき　　　　D. ください
译文：姐姐每天早上6点打电话喊朋友起床。
注意：打电话喊朋友起床，对朋友而言是有帮助的事情，是特别为朋友而
做的，因此使用了「起こしてあげる」。

あっ、花に水を（　A　）のを忘れちゃった。（2021）

A. やる　　　　　B. くれる　　　C. もらう　　　　D. いただく
译文：啊，忘了给花浇水了。

子どもが大きくなって着られなくなった服（　A　）、小さい子がいる
友達にあげる。（2023）
　　　　　A. を　　　　　B. が　　　　C. で　　　　　D. に
译文：（我）把孩子长大了穿不了的衣服（送）给有小孩的朋友。
本题的语序为：（授予者是）某物を 接受者に あげる，省略了授予者"我"。

【～をもらう】【～てもらう】

【～をいただく】【～ていただく】

【用法解说】
接受者は / が　授予者に / から　某物を　もらう。
表示从某人处得到某物，译为"得到……"。

接受者は / が　授予者に / から 动词「て」形＋もらう。
以接受者（我或我方人员 / 第三方）为主语，陈述接受者得到 / 请求 / 让
他人为自己做某事。

以接受者（我或我方人员 / 第三方）为主语，陈述接受者得到了上级、长
辈等级别比自己高的人给予的某物，或者为自己做的某事时，需要将「も
らう」变成「いただく」。
接受者は / が　上级、长辈等级别比自己高的人に / から　某物を　いた
だく。
接受者は / が　上级、长辈等级别比自己高的人に / から　动词「て」形＋
いただく。

【真题再现】
「すみません。これを見ていただけますか。」
「今、忙しいので、田中さんに見て（　D　）ください。」（2003）
　　　　A. あげて　　　B. くれて　　　C. やって　　　　D. もらって
译文："抱歉，能否请您看看这个？"
　　　　　"现在（我）很忙，所以（你）让田中帮忙看吧。"
「これを見ていただけますか」：「～てもらう」⇒「～ていただく」（让 /
请身份地位比我高的人做）⇒「ていただけますか / ていただけませんか」

（变成疑问形式"能否请您……"）

知らない人に「百円あげます」と言われたら、あなたは（　D　）ますか。
（2006）

        A. くれ　　　　　B. あげ　　　　　C. ください　　　　D. もらい

译文：如果被不认识的人说（如果不认识的人对你说）："给你100日元"，你会拿吗？

私は今ちょっと教える暇がないので、他の人に（　A　）ください。（2006）

        A. 教えてもらって　　　　　　B. 教えられて

        C. 教えてやって　　　　　　　D. 教えさせられて

译文：我现在没有空闲时间教你，所以请你让其他人教你。

あの人は頭が古いですから、今度のことなど分かって（　D　）ないでしょう。（2007）

        A. あげ　　　　　B. あげられ　　　C. もらわ　　　D. もらえ

译文：那个人头脑（思想）古板落后，这次的事，应该无法让他理解吧。

「分かってもらえない」：可能形的否定形式，"不能／无法让他理解"。

加藤君にはもう少し頑張って（　C　）と困るね。業績が落ちているよ。
（2008）

        A. ほしい　　　　B. あげない　　　C. もらわない　　D. くださらない

译文：如果不能让加藤更努力一点就麻烦了。（他的）业绩一直在下降呀。

細かいお金がないので、200円貸して（　A　）ませんか。（2008）

        A. もらえ　　　　B. いただき　　C. くだされ　　　D. やれ

译文：因为没有零钱，能请你借200日元给我吗？

「李さんの地図はいいですね。どこで買ったんですか。」

「買ったんじゃなくて、ホテルの人に（　A　）んです。（2009）

        A. もらった　　　B. くれた　　　C. やった　　　　D. あげた

译文："小李你的地图很好啊。在哪里买的？"

      "不是买的，从酒店的人那里拿的。"

先生にこの言葉の意味を何回説明して（　A　）まだよく分かりません。
（2010）

A. いただいても　B. くださっても　C. くれても　　D. さしあげても
译文：尽管请老师说明了好几次这个词语的意思，但还是不太理解。

このことは先輩には分かって（　A　）と思います。（2011）
　　　A. いただける　　B. くれる　　　C. さしあげる　　D. もらう
译文：我觉得这个事情能让学长理解（能得到/获得学长的理解）。

指導教官に紹介して（　D　）人と結婚することになりました。（2014）
　　　A. くれた　　　B. やった　　　C. あげた　　　D. いただいた
译文：和让导师介绍的人结婚了。
注意：站在"我"的角度陈述事情，"我"让导师介绍、"我"得到了导师给我介绍的结婚对象。

自分で作った曲を大勢の方に聞いて（　D　）、たいへんうれしく思っております。（2015）
　　　A. くれて　　　　　　　　B. さしあげて
　　　C. くださいまして　　　　　D. いただきまして
译文：自己创作的歌曲，能让那么多人听，我觉得很开心。

10年前に父に買って（　C　）辞書を今も使っています。（2016）
　　　A. くれた　　　B. やった　　　C. もらった　　D. くださった
译文：（我）现在也一直在用着10年前让父亲买的词典。

いつも田中さんに弟の面倒を見て（　D　）、ありがとう。（2017）
　　　A. くれて　　　B. やって　　　C. あげて　　　D. もらって
译文：总是让田中你帮忙照顾我弟弟，谢谢！

知らない言葉は人から教えて（　D　）。（2018）
　　　A. やる　　　B. あげる　　　C. くれる　　　D. もらう
译文：不懂的词语就请别人教我。
注意：从「人から」可知主语是被省略的"我"，动作发出者是别人。在授受动词中，只有「もらう」会用「から」提示授予者。此外，「知らない言葉は」的「は」表示强调，原本是「知らない言葉を」，用「を」提示「教える」的宾语。

先生に難しい問題を説明して（　D　）まして、感謝しています。（2020）

A. くれ　　　　　B. さしあげ　　C. やり　　　　　D. いただき

译文：我请老师为我说明了难题，很感谢。

今夜、電話して（　B　）ませんか。詳しいことを聞きたいです。（2022）
　　　　A. やり　　　　　B. もらえ　　　C. もらい　　　　D. いただき

译文：今晚能请你打个电话给我吗？我想问些详细的情况。

旅行が無理なら、お父さんに動物園に連れて（　D　）よ。（2023）
　　　　A. やろう　　　　B. くれよう　　C. あげよう　　　D. もらおう

译文：如果不能旅行的话，就让爸爸带去动物园吧。

【～をくれる】【～てくれる】

【～をくださる】【～てくださる】

授予者は／が　我或我方人员に　某物を　くれる。

以授予者为主语，陈述他人给我或我方人员某物。当接受者是"我"时，常常省略「私に」。

授予者は／が　我或我方人员に　动词「て」形＋くれる。

以授予者为主语，陈述他人为我或我方人员做某事。当接受者是"我"时，常常省略「私に」。

当表示上级、长辈等级别比自己高的人，给予我或我方人员某物或为我或我方人员做某事时，需要将「くれる」变成「くださる」。

上级、长辈等级别比自己高的人は／が　我或我方人员に　某物を　くださる。

上级、长辈等级别比自己高的人は／が　我或我方人员に　动词「て」形
＋くださる。

【真题再现】

わたしに名前をつけて（　B　）のはおばあさんです。（2010）
　　　　A. やった　　　B. くれた　　　C. あげた　　　D. いただいた

译文：给我起了名字的是奶奶。

私の誕生日を覚えていて（　A　）、ありがとう。(2011)
　　　　A. くれて　　　B. あげて　　　C. さしあげて　　D. やって

译文：你一直记着我的生日，谢谢！
注意：「～を覚えていてくれる」传达了说话者对对方记着自己的生日的感激之情。

私が新しく店を出すので、父は銀行からお金を借りてきて（　A　）ました。
（2013）
　　　　A. くれ　　　　B. あげ　　　　C. やり　　　　D. もらい
译文：因为我要新开店，父亲为我从银行借来了钱。

わたしはもう少しで橋から落ちるところだったが、兄が助けて（　A　）。（2014）
　　　　A. くれた　　　　B. あげた　　　　C. やった　　　　D. くださった
译文：我差一点就从桥上掉下去了，但是哥哥救了我。
「もう少しで～ところだった」："差一点就……"。

入社したばかりの頃は、鈴木さんがいつも丁寧に教えて（　A　）ました。
（2015）
　　　　A. くれ　　　　B. あげ　　　　C. もらい　　　　D. いただき
译文：刚进公司的时候，铃木总是细心地教我。

友人はわたしの努力を理解して（　A　）らしい。（2018）
　　　　A. くれた　　　　B. あげた　　　　C. もらった　　　　D. いただいた
译文：朋友似乎理解了我的努力。
「理解してくれた」表示朋友的理解是让"我"感激、庆幸之事。

わたしの誕生日に友だちがパーティーを開いて（　A　）。（2020）
　　　　A. くれた　　　　B. やった　　　　C. あげた　　　　D. もらった
译文：在我生日的时候，朋友为我开了一场派对。

今日は卒業式だから、姉が買って（　B　）スカートをはいて行きたい。
（2021）
　　　　A. やった　　　　B. くれた　　　　C. あげた　　　　D. もらった
译文：因为今天是毕业典礼，所以想穿姐姐给我买的裙子去。

人気歌手が来て（　A　）なら、スピーチ大会はおもしろくなるでしょう。
（2022）
　　　　A. くれる　　　　B. あげる　　　　C. もらう　　　　D. さしあげる

译文：如果人气歌手能来的话，演讲大赛会变得有意思吧。

「来てくれる」译为"为我们来"，即"赏脸来，来捧场"。

お忙しい中、わたしのために時間を（　C　）てくれてありがとうございます。（2023）

  A. 引いて   B. 抜いて C. 作って   D. 空いて

译文：您百忙之中，为了我抽出时间，非常感谢。

そんな大事なことなら、事前に言って（　C　）良かったのに。（2023）

  A. くれて   B. くれると C. くれれば D. くれるなら

译文：那么重要的事情的话，事前告诉我就好了。（实际并没有告诉）

第 14 讲

【被动形】

【用法解说】

直接被动句：【动作承受者が／は　动作发出者に 他动词被动形】。

* 当动作发出者是某个不确定的人或群体时，又或者不需要或不想把动作发出者写出来时，可以省略动作发出者。

* 当动作承受者为特定事物，如作品、建筑物、伟大发现、发明、创造等，动作发出者用「によって」来提示，句末常见的他动词为「作る、書く、発明する、設計する、作り出す」等。

【特定事物が／は 动作发出者によって 他动词被动形】。

所有者被动句：【承受了动作的事物（即动作的直接承受物）的所有者が／は 动作发出者に 动作的直接承受物を 他动词被动形】。强调所有者的损失、困惑、不快等状况，如果使用直接被动句，则体现不出这种所有者的情感。

间接被动句：【受到影响、损害的人が／は 动作发出者に 自动词或他动词的被动形】。也常常称为"麻烦被动句"或"受害被动句"。表示由于某种事态的发生，而间接导致相关主体受到影响或损害，动词可以是自动词也可以是他动词（不能翻译为中文的"被字句"，而是翻译为带有因果关系的主动句）。注意：所有者被动句中，动作直接承受者属于自己的财物或身体的一部分，具有直接关系。而间接被动句中，受影响、损害的主体并非直接承受了动作，而是间接地受到了与其没有直接关系的某种事态的影响，该影响一般是对主语不利的，对主语产生了伤害、困扰等。

【真题再现】

きのう、銀座通りを歩いていると、知らない人に名前（　D　）。（2004）

  A. が叫ばれた   B. を叫ばれた

  C. が呼ばれた   D. を呼ばれた

译文：昨天，正走在银座大街上，被不认识的人喊了（我的）名字。

私たちをしかる母の言葉には、深い感情が（　D　）。（2011）

  A. 込めます   B. 込めさせています

  C. 込めています   D. 込められています

译文：妈妈训斥我们的话语中，被倾注了深深的感情。

いつの時代でも若者に（　A　）、新しい流行が作り出される。（2012）
　　　A. よって　　　B. とって　　　C. かけて　　　D. つれて
译文：不管在什么时代，新的潮流由年轻人创造。

色違いの靴下をはいてしまって、周りの人に（　A　）、はずかしかった。
（2012）
　　　A. 笑われて　　　B. 笑わせて　　　C. 笑って　　　D. 笑えて
译文：穿了不同颜色的袜子，被周围的人嘲笑，太丢人了。

人に（　D　）ことをちゃんとやらなければなりません。（2014）
　　　A. 頼んだ　　　B. 頼めた　　　C. 頼ませた　　　D. 頼まれた
译文：被别人委托的事情必须要好好做。

日本ではトイレには神様がいると（　C　）います。（2016）
　　　A. 言えて　　　B. 言わせて　　　C. 言われて　　　D. 言いたくて
译文：在日本，人们认为厕所中也有神存在。

上海は中国の一の高齢化が進んだ都市（　C　）と言われています。（2017）
　　　A. で　　　　　B. の　　　　　C. だ　　　　　D. な
译文：据说，上海是中国老龄化最严重的城市。

大切なメモを誰かに持って（　C　）、困っています。（2017）
　　　A. おいて　　　B. しまって　　　C. いかれて　　　D. こられて
译文：所有者被动句。（我的）重要的笔记不知道被谁拿走了，真叫人头痛。
「持っていく」译为"拿走"，「持っていかれる」译为"被拿走"。

洋子さんの家は美しい木々に（　D　）いる。（2018）
　　　A. 囲み　　　B. 囲んで　　　C. 囲ませて　　　D. 囲まれて
译文：洋子家被漂亮的树木环绕着。

カラオケで自分の歌いたい歌を友だちに先に（　D　）しまった。（2019）
　　　A. 歌せて　　　B. 歌れて　　　C. 歌えて　　　D. 歌われて
译文：间接被动句。在卡拉OK，自己想唱的歌被朋友先唱了（受到影响，
心情不愉快）。

まだ使えるものがこんなにたくさん（　D　）なんて、ひどいよ。（2021）
　　　A. 捨てさせる　　　　　　　　B. 捨てている
　　　C. 捨てさせている　　　　　　D. 捨てられている
译文：还能用的东西被扔了这么多，太过分了。
本题省略了动作发出者，「捨てる」为他动词，如果选择 A、B、C，则助词应为「を」。

スポーツから教え（　C　）ことについて、話してください。（2022）
　　　A. たがる　　　　B. させる　　　C. られた　　　D. たかった
译文：请就从运动中学到的事来谈一谈。
「スポーツから教えられたこと」译为"从运动中被教会的事"，即"从运动中学会的事"。

親友のアンさんに海外へ（　C　）、寂しかった。（2023）
　　　A. 引っ越し　　　　　　　　B. 引っ越して
　　　C. 引っ越されて　　　　　　D. 引っ越させて
译文：间接被动句。我的朋友小安搬去了国外，我感到很寂寞。

第 15 讲

【使役形】
【用法解说】
自动词使役句：【使役主体は／が　动作主体を　自动词的使役形】。
他动词使役句：【使役主体は／が　动作主体に　（宾语を）他动词的使役形】。注意：在他动词的使役句中，他动词所带的宾语部分根据实际情况使用，可能会不出现，当没有把宾语讲出来的时候，只要是他动词的使役，那么动作主体必须用「に」提示。

【真题再现】
岸本君はときどき人（　B　）ます。（2004）
　　A. にびっくりさせ　　　　　　　B. をびっくりさせ
　　C. にびっくりし　　　　　　　　D. をびっくりし
译文：岸本时不时就吓唬人。

子供に薬を（　D　）が、熱が下がりませんでした。（2008）
　　A. 飲みました　　　　　　　　　B. 飲まれました
　　C. 飲んでいました　　　　　　　D. 飲ませました
译文：让孩子吃药了，但是烧没有退。

最近、中国では小学生をピアノ教室に（　D　）親が多くなっています。
（2012）
　　　　A. 通う　　　B. 通える　　　　C. 通われる　　D. 通わせる
译文：最近，在中国让小学生去上钢琴培训班的家长正在增多。
「通う（かよう）」自动词，译为"来往，（在两个地点之间）往返"。
「学校／塾／～教室に通う」译为"上学／上补习班／上培训班"。

約束の時間より2時間も遅れたので、みんな（　B　）心配させました。
（2016）
　　　　A. に　　　　　B. を　　　　　　C. が　　　　　　D. で
译文：比约定的时间晚了两个小时，所以让大家担心了。

妻は子どもにピアノを（　C　）のですが、子どもは嫌がっています。
（2016）

　　　A. 習いたい　　　　　　　　B. 習われたい
　　　C. 習わせたい　　　　　　　D. 習いたがる

译文：妻子想让孩子学钢琴，但孩子不愿意。

【習う→習わせる→習わせたい】：「たい」前接动词ます形去掉「ます」，表示第一人称想做某事，或者询问第二人称是否想做某事。

【形容词词干＋がる】：表示观察到的第三人称的情感。

注意：本题是站在和妻子同样的立场来陈述（父母作为一个整体去面对孩子），因此"妻子想让孩子学"是第一人称的「習わせたい」，而"孩子"不愿意则是第三人称的「嫌がっています」。

あのお母さんは、子供がやりたいと言っても、テレビゲームを（　D　）。（2017）

　　　A. やります　　　　　　　　B. やりません
　　　C. やらせます　　　　　　　D. やらせません

译文：那位母亲，即使孩子说想玩，也个会让他玩电视游戏。

注意：*后半句省略了动作主体「子供に」，完整表达是「子供に　テレビゲームを　やらせません」。

*「ても」表示让步假定条件，译为"即使……也……"，因此句末要使用否定表达。

*「子供がやりたいと言っても」：由于有「と言う」表示引用，因此使用第一人称想做某事的「やりたい」。如果没有「と言う」，则使用「子供がやりたがっている」，表示第三人称想做某事。

先生は生徒に窓を（　B　）。（2018）

　　　A. 開けた　　B. 開けさせた　　C. 開けている　D. 開けていた

译文：老师让学生打开了窗。

質問に答えられない生徒を（　B　）ことがあった。（2019）

　　　A. 立つ　　　B. 立たせる　　　C. 立たれる　　D. 立ちたい

译文：以前有时会让回答不出问题的学生站着（即罚站）。

【动词基本形／动词ない形＋ことがある】："有时会做／不做某事"。当后面变成「あった」，则表示"以前／过去有时做／不做某事"。

注意：【动词た形＋ことがある】表示曾经有过某种经历，一般是距离现在已经有一段时间，不能用于描述如"昨天""刚才"等距离现在很近的时间里发生的事情，"曾经……过"。对应的否定式为：【动词た形＋ことがない】，"还没／不曾……过"。注意：由于是站在现在的角度去陈述过去的经历，因此本句型的句末只能使用现在时态，而不能使用过去时态。

「私たちもケーキを作りたい」と子供が言ったから、お母さんは子供に
（　A　）。（2020）

　　　A. 作らせた　　B. 作ってくれた　　C. 作られた　　D. 作っていただいた

译文：因为孩子说了"我们也想做蛋糕"，妈妈就让孩子做了（蛋糕）。

小さい子供を一人で外出（　D　）ほうがいい。（2021）

　　　A. しない　　　B. できない　　　　C. 切れない　　D. させない

译文：最好不要让小孩子一个人外出。

「一人で」：「で」提示状态，外出的状态是"一个人"。

「动词ない形＋ほうがいい」：表示建议、忠告，"最好不要做……"。

【可能形】

あのレストランは珍しいものが食べ（　D　）から、人気があるのです。
（2013）

　　　　A. たい　　　　B. たがる　　　　　C. させる　　　D. られる

译文：那家餐馆能吃到罕见少有的东西，所以很受欢迎。

本当のことが（　B　）、気分が晴れるようになった。（2014）

　　　A. 話して　　B. 話せて　　　　C. 話した　　　D. 話させた

译文：能说出真相，心情开朗了。

努力したのに、大きな成果は（　B　）。（2020）

　　　A. 得られるだろう　　　　　　B. 得られなかった
　　　C. 得られたはずだ　　　　　　D. 得られるようだ

译文：虽然努力了，却没有取得很大的成果。

第 16 讲

【使役被动句】

【动作主体は／が 使役主体（即强迫、要求的人）に （宾语を） 动词的使役被动形】。使役被动指的是动作主体被迫、被要求做，并非自己主观积极愿意去做。在使役被动句中，不管后面的动词是自动词还是他动词，动作主体后面都用「は／が」，使役主体都用「に」提示。

【真题再现】

カラオケ大会で急に歌を（　D　）、本当に困った。（2000）

　　　　A. 歌って　　　B. 歌われて　　C. 歌わせて　　D. 歌わされて

译文：在卡拉 OK 大会上突然被迫唱歌，真尴尬。

【使役形与授受动词结合】

【～させてあげる／～させてやる】

表示让别人做某事，对比使役句，带有一种"我是为了你好，才让你做"的语感。

【真题再现】

妹が田中さんに会いたがっているので、会わせて（　C　）つもりです。（1999）

　　　　A. くれる　　　B. もらう　　　C. やる　　　　D. いただく

译文：妹妹一直很想见田中，所以我打算让她去见。

友達が辞書を忘れたので、私のを使わせて（　B　）。（2002）

　　　　A. くれた　　　B. あげた　　　C. もらった　　D. しまった

译文：朋友忘记（带）词典了，所以让他用我的。

注意：「私の（辞書）を使わせます」仅仅表现了"我让朋友使用我的字典"。而「私の（辞書）を使わせてあげる」则强调了"我让他用我的词典"，是为了他的利益，他得到了帮助。

【～させてもらう／～させていただく】

用于礼貌地表示说话人得到对方的允许做某事，带有对对方允许自己做此事的感激、感谢之意。"我得到了您的允许做某事，实在感激不已"；译为"承

蒙让我……"；"请允许我……"。

注意：「～させてもらう／～させていただく」变成疑问句时，要用可能形「～させてもらえますか／～させてもらえませんか」「～させていただけますか／～させていただけませんか」。疑问句常用于积极请求对方允许说话人做某事、毛遂自荐。译为"请允许／能否允许我做……？"。

【真题再现】

来年結婚することになりましたので、今年いっぱいで会社を（　C　）いただきたいのですが。（2002）

　　　　A. やめて　　　B. やめられて　C. やめさせて　D. やめさせられて

译文：明年要结婚，所以希望能请您允许我干满今年就辞职。

「疲れたから、ちょっと（　C　）」と言って、彼はいすにすわって話を続けた。（2003）

　　　　A. かけてもらいます　　　　　B. かけられましょう

　　　　C. かけさせてもらいます　　　D. かけさせましょう

译文: 他说"因为很累了，所以请允许我坐一下"，就坐到椅子上继续说下去。「腰かける／（腰を）かける」（坐下）⇒「かけさせて＋もらう」（请允许我坐下）。

私はちょっと頭が痛いので、午後から（　A　）いただきたいのですが。（2004）

　　　　A. 休ませて　　B. 休んで　　　C. 休まれて　　D. 休んでおいて

译文：我有点头痛，所以想请您允许我下午请假。

「先生、次の研究会では私に発表（　B　）いただけないでしょうか。」「うん、わかった。じゃ、そうしょう。」（2006）

　　　　A. して　　　　B. させて　　　C. いたして　　D. されて

译文："老师，下次研究会，能否请您允许我来发表呢？""好的，明白。那就那么办吧"。

この役、ぜひわたくしに（　D　）いただけませんか。前からやってみたかったんです。（2007）

　　　　A. やって　　　B. やられて　　　C. やらされて　D. やらせて

译文：这个职位，能否恳请您允许我来担任？我很早开始就想尝试一下。

オリンピックのボランティアは、わたしに（　C　）もらえないでしょ

うか。（2008）

  A. 行って B. 行けて C. 行かせて D. 行かれて

译文：奥运会的志愿者，能否让我去（做）呢？

先生、風邪をひいてしまいましたので、明日授業を（ B ）いただけないでしょうか。（2011）

  A. 休まれて B. 休ませて C. 休んだ D. 休んでみて

译文：老师，我感冒了，能否请您允许我明天的课请假？

「実は希望していたチームに参加させて（ B ）ことになったんです。」
「そうなんですか。よかったですね。」（2015）

  A. やる B. もらう C. あげる D. 差し上げる

译文："其实我得到了允许，可以加入我一直想参加的队伍。"
    "是吗。那真是太好了呀。"

社長、私が駅まで（ D ）いただきます。（2022）

  A. ご案内 B. 案内して C. ご案内して D. ご案内させて

译文：社长，由我来（请允许我来）带您到车站吧。

楽しい時間を（ C ）もらって感謝しています。（2023）

  A. 過ごせて B. 過ごして C. 過ごさせて D. 過ごされて

译文：感谢你让我度过了快乐的时光。

【～させてくれる／～させてくださる】

【用法解说】

接续：「～てくれる」⇒「～させてくれる」。て形变成使役形的させて。

意思：「～させてくれる」表示他人（平级或下级）允许我做某事。而「～させてくださる」则表示他人（上级、长辈）允许我做某事。

注意：本句型以"他人"为主语来陈述，强调他人允许我做、让我做，带有对对方允许自己做某事的感激、感谢之意。常常使用「させてください」的形式，表示请求对方让自己做某事，译为"请允许我做……，请让我做……"。还可使用「させてくださいませんか」的形式，通过"疑问"表达更委婉礼貌的语气，译为"可否让我……吗？"。

【真题再现】

あの店はおいしいフランス料理を（　　C　　）。（2003）

   A. 食べさせられた   B. 食べされた

   C. 食べさせてくれる   D. 食べさせてもらう

译文：那家店提供（让我们客人吃）美味的法国菜。

注意：本题的句子主语是"那家店"，相当于"他人"的位置，所以使用「させてくれる」，而不是动作实施者（吃饭的客人）当主语的「～させてもらう」。可以理解为：那家店提供美味的法国菜，让我们（客人）能吃到美味的法国菜，带有对那家店的喜欢、感谢之情。

わたしの作文はいかがでしたでしょうか。先生のご感想を（　　C　　）ませんか。（2006）

   A. 聞いてやりませんか B. お伺いし

   C. お聞かせください   D. お聞かせし

译文：我的作文怎么样呢？能让我听听老师您的感想吗？

注意：【聞く→聞かせる→聞かせてくださ】"请让我听听"。

「～てください」进一步变为自谦表达方式：「お＋ます形＋ください」，即「お聞かせください」。再进一步，将「ください」变成「くださいませんか」显得更委婉礼貌，因此最终变成了：「お聞かせくださいませんか」（"能让我听听吗？"）。

「ね、このはがき、しゃべるんですよ。」

「へえ、はがきがしゃべるんですか。めずらしいですね。（　　C　　）。」（2010）

   A. 聞いてくださ   B. 聞かれてください

   C. 聞かせてください   D. 聞かされてください

译文："哎，这张明信片会说话（发出说话的声音）哦。"

   "什么？明信片会说话？真稀奇呢！让我听听"。

その選手が大好きなので、ぜひわたしに（　　C　　）。（2010）

   A. 会ってさし上げます B. 会っていただけませんか

   C. 会わせてください   D. 会わせていただきませんか

译文：我很喜欢那个选手，所以请务必／一定让我见（那个选手）。

注意：D 选项的正确表达应该是「会わせていただけませんか」，"我能否得到允许见（那个选手）"，"能否"对应的是「～いただけませんか」，而不是「いただきませんか」。

第 17 讲

【数量词】

【真题再现】

この機会を逃がしたら、もう（　B　）と日本に留学することができないだろう。（2004）

   A.一度   B.二度   C.三度   D.四度

译文：如果错过了这次机会，就不能再次去日本留学了吧。

「二度と」：再次、第二次。

学生に資料のコピーを（　B　）ずつ渡した。（2011）

   A.1台   B.1枚   C.1本   D.1個

译文：给学生每人各发了一张资料复印件。

ウリジさんは毎日歯をちゃんと磨いていて、虫歯が（　D　）もありません。（2013）

   A.1枚   B.1度   C.1回   D.1本

译文：每天认真刷牙，一颗蛀牙也没有。

帰宅したら、母と弟から手紙が1（　B　）ずつ来ていました。（2014）

   A.本   B.通   C.冊   D.度

译文：回家后发现妈妈和弟弟各寄来了一封信。

先週、国立図書館からビデオを（　B　）借りてきました。（2016）

   A.2枚   B.2本   C.2冊   D.2階

译文：上周，从国立图书馆借来了2盒录像带。

「ビデオ」跟磁带、电影照片的胶卷一样，拉出来的话，是很长的，用「本」。

昨日、電気屋で新しく出た携帯電話を2（　A　）も買った。（2017）

   A.台   B.本   C.枚   D.頭

译文：昨天，在电器店买了2台新发售的手机。

先生のお宅までは、まず電車で新宿まで行って、そこからもう（　A　）の電車に乗り換えなければならない。（2018）

       A.一本   B.一枚   C.一台   D.一個

译文：去老师家，首先坐电车去到新宿，然后必须再换乘另一趟电车。

「一本」指的是"一趟车"，不是具体的一辆车，「一台」才是"一辆车"。

池の周りに桜の木が 10（ C ）植えてあります。（2019）

        A.番   B.枚   C.本   D.匹

译文：池塘周围种有 10 棵樱花树。

もしもし、空港へ行きたいのですが、タクシーを（ D ）お願いします。
（2020）

        A.1 枚   B.1 着   C.1 個   D.1 台

译文：喂，我想去机场，请帮我安排一辆出租车。

妹はセーターを 10（ A ）も持っている。（2021）

        A.枚   B.件   C.番   D.本

译文：妹妹有 10 件毛衣。

注意：「も」表示程度高，「ている」表示状态，译为"持有、拥有"。

うちでは去年まで猫を 3（ A ）飼っていた。（2023）

        A.匹   B.枚   C.本   D.台

译文：我家到去年为止，养了 3 只猫。

【で／へ／から／まで／と＋の】助词的重叠使用

【真题再现】

あのホテルはお客さん（ A ）のサービスが悪いと言われています。
（2002）

        A.へ   B.と   C.まで   D.から

译文：据说那家酒店对客人的服务很差。

女性（ B ）野球の楽しさを知ってほしい。（2019）

        A.しか   B.にも   C.さえ   D.へは

译文：希望女性也能了解棒球的有趣。

「女性に～を知ってほしい」→「女性にも～を知ってほしい」

【变形、接续】

昨日見た映画はとても（　D　）です。（2004）

      A. うれしかった　　　　　　　B. にがかった

      C. よわかった　　　　　　　　D. こわかった

译文：昨天看的电影很恐怖。

わたしは（　B　）静かな性格の人が好きです。（2018）

      A. おとなしさ　　　　　　　　B. おとなしくて

      C. おとなしければ　　　　　　D. おとなしかった

译文：我喜欢老实、安静性格的人。

最近のお祭りは面白くないから、仕事を（　C　）見に行く必要がない
と思う。（2020）

      A. 休む　　　　B. 休んだ　　　C. 休んで　　　D. 休まれる

译文：最近的祭典都没有意思，所以我觉得没必要请假去看。

山田さんはまだ学生（　A　）という話を聞きました。（2022）

      A. だ　　　　　B. べき　　　　C. そうだ　　　D. ようだ

译文：听说山田还是学生。

注意：「という」前面既可以接名词，也可以接简体形小句，用于引用、
概括前面的内容。名词谓语句的简体形小句以「だ」结尾，因此选择 A 选项。

日本語の曖昧表現は難しく、今でもわから（　C　）困っている。（2022）

      A. ない　　　　B. なくは　　　C. なくて　　　D. なくも

译文：日语的暧昧表现很难，即使到现在（我）也不懂所以很困扰。

注意：わかる（动词原形，"知道、明白"）→わからない（否定式，"不
知道、不明白"）→わからなくて（て形表轻微的原因，"因为不知道"）。

ねえ、昨日の雨は（　B　）。（2022）

      A. さむかった　　　　　　　　B. すごかった

      C. きびしかった　　　　　　　D. すくなかった

译文：哎，昨天的雨好大啊。

【自動詞・他動詞】

【真题再现】

温泉によって、病気を（　B　）こともできます。（2011）
　　　　A. 治る　　　　　B. 治す　　　　　C. かかる　　　　　D. かける
译文：泡温泉把病治好了。
注意：「治る」自动词，译为"病好了"。「治す」他动词，"把病给治疗好了"。

久しぶりに友達から手紙が（　A　）。（2011）
　　　　A. 届きました　　　　　　　B. 受けました
　　　　C. 着きました　　　　　　　D. 受け取りました
译文：久违的朋友来信了。

最近、石油の輸入は（　D　）きている。（2011）
　　　　A. 高まって　　　B. 高めて　　　C. 延ばして　　　D. 伸びて
译文：最近石油的输入不断在增长。

すみません、（　D　）から、ラジオの音を大きくしてください。（2022）
　　　　A. 見ません　　　　　　　　B. 見えません
　　　　C. 聞きません　　　　　　　D. 聞こえません
译文：不好意思，听不清，请把收音机的声音调大。

第 18 讲

【敬语】

【尊他】
1. 特殊尊他语

基本形	尊敬語（基本形）	尊敬語（ます形）
行く	いらっしゃる おいでになる	いらっしゃいます おいでになります
来る	いらっしゃる おいでになる 見える お見えになる お越しになる	いらっしゃいます おいでになります 見えます お見えになります お越しになります
いる	いらっしゃる おいでになる	いらっしゃいます おいでになります
する	なさる	なさいます
食べる／飲む	召し上がる（めしあがる）	召し上がります
言う／話す	おっしゃる	おっしゃいます
見る	ご覧になる（ごらんになる）	ご覧になります
着る	お召しになる（おめしになる）	お召しになります
寝る	お休みになる	お休みになります
くれる	くださる	くださいます
～てくれる	～てくださる	～てくださいます
～ていく／てくる	～ていらっしゃる	～ていらっしゃいます
～ている	～ていらっしゃる	～ていらっしゃいます
知っている	ご存知だ（ごぞんじだ）	ご存じです

【真题再现】

「あしたから旅行へ行きます。」

「気をつけて（　B　）。」（2003）

  A. いってまいります   B. いってらっしゃい

  C. いらっしゃいませ   D. いただきます

译文："明天起（我）要去旅行。"

   "小心、慢走。"

注意：本题虽然是尊他敬语的表达，但是已经演变为固定的寒暄语了。

「行ってきます」"我走啦／我去去就回来"，自己出门／短暂离开（不久就会返回）时的惯用表达。

「いってらっしゃい」"您慢走"，对要出门／短暂离开（不久就会返回）

的人说。

先生、分からないところを教えて（　B　）ませんか。（2004）
　　　　A. いただき　　　B. ください　　C. もらい　　　　　D. さしあげ
译文：老师，（我）不懂的地方可以教我吗？
注意：动作主体是老师，老师给"我"教这一个动作，需要用尊他，くれる→くださる。

この映画は再来週の金曜日が最終日ですから、まだゆっくり（　C　）よ。（2005）
　　　　C. ごらんなさいます　　　　　　B. ごらんくださいます
　　　　C. ごらんになれます　　　　　　D. ごらんできます
译文：这部电影直到下下周五才会下线（下下周五是最后上映日），所以（您/观众）还能慢慢看。
注意：本题推测说话人是电影院的工作人员，动作主体是听话人（观众），需要用尊他，见る→ご覧になる（尊他）→ご覧になれる（可能形）。

「わたしの母がそちらにうかがっていますか。」
「はい、（　D　）よ。」（2008）
　　　　A. きております　　　　　　　　B. うかがいます
　　　　C. まいります　　　　　　　　　D. いらっしゃいます
译文："我妈妈去您那里了吗？"
　　　　"嗯，在的哦。"
注意：第一句是说话人跟他人说起自己母亲，也就是"我方人员"，需要自谦。第二句则是说话人提及听话人的母亲，动作主体是听话人母亲，所以需要用尊他。

お口に合うかどうか分かりませんが、どうぞ（　A　）ください。（2009）
　　　　A. 召しあがって　B. いただいて　C. 食べられて　D. 飲まれて
译文：不知道是否合您口味，请品尝。
注意：动作主体是听话人，需要用尊他，虽然选项C与D可用被动表示尊他，但有正确的特殊形式，优先选择特殊形式。B选项是「食べる/飲む/もらう」的自谦表达。

「はい、小林商事でございます。」
「すみません、人事課の鈴木さんは（　B　）。」（2010）

A. お目にかかりますか　　　　B. いらっしゃいますか

C. まいります　　　　　　　　D. おります

译文："您好，这里是小林贸易公司。"

"不好意思，请问人事部的铃木先生／女士在吗？"

注意：动作主体对方公司的员工铃木，需要用尊他，いる→いらっしゃる（尊他）。

先生、今晩留学生たちの忘年会がありますが、（　D　）か。（2014）

A. 伺いません　　　　　　　　B. まいりません

C. お伺いしません　　　　　　D. おいでになりません

译文：老师，今晚有留学生们的年会（年末进行的是"忘年会"，年初进行的是"新年会"），请问您来吗？

注意：动作主体是老师，需要用尊他，来る→おいでになる（尊他）。

明日の会議には校長先生が（　C　）。（2019）

A. 召し上がります　　　　　　B. 存じます

C. いらっしゃいます　　　　　D. いってまいります

译文：明天的会议，校长会来（出席）。

注意：动作主体是校长，需要用尊他，行く／来る→いらっしゃる（尊他）。

先生が丁寧にご説明（　D　）ので、よく分かりました。（2019）

A. やった　　　　　　　　　　B. いたした

C. さしあげた　　　　　　　　D. くださった

译文：老师仔细地为我说明了，所以我懂了。

注意：由「先生が」可知动作主体是老师，需要用尊他，くれる→くださる（尊他）。

「説明してくださる」⇒「ご説明くださる」

困ったことがございましたら、いつでも（　C　）ください。（2021）

A. もうして　　　　　　　　　B. うかがって

C. おっしゃって　　　　　　　D. めしあがって

译文：有什么困扰的事的话，请随时说。

注意：てください表示请求对方做某事，此处动作主体是对方，需要用尊他。

言う／話す→おっしゃる（尊他）＋ください→おっしゃってください。

2. 无特殊尊他语时使用的变形方式【お／ご～になります】

【お + （动1、动2）动词ます形 + になります】；【ご + （动3）词干 + になります】

【真题再现】

入場券はこちらで（　A　）ます。（2002）

      A. お求めになれ　　　　　　　　B. お求めにでき

      C. ご求めになれ　　　　　　　　D. ご求めにでき

译文：入场券能在此处领取。

注意：本题没有出现动作主体，但可以通过排除，B 和 D 选项不存在，一类和二类动词前接「お」，三类动词前接「ご」，因此可以排除 C 选项。求める + お～になる（尊他）→お求めになる→お求めになれる（可能形）。

お客さま、申し訳ありませんが、お荷物はご自分でお持ち（　C　）ください。（2010）

      A. して　　　　　B. されて　　　　C. になって　　　　D. いただいて

译文：客人，十分抱歉，行李请自己拿好。

注意：动作主体是客人，需要用尊他，持つ + お～になる（尊他）→お持ちになる + ～てください（请求对方做某事）。

お客さま、申し訳ありませんが、お荷物はご自分でお持ち（　C　）ください。（2010）

      A. して　　　　　B. されて　　　　C. になって　　　　D. いただいて

译文：客人，十分抱歉，行李请自己拿好。

注意：动作主体是客人，需要用尊他，持つ + お～になる（尊他）→お持ちになる + ～てください（请求对方做某事）。

ご注文がお決まり（　D　）、お知らせください。（2023）

      A. しましたら　　　　　　　　B. なりましたら

      C. にしましたら　　　　　　　　D. になりましたら

译文：如果您决定好了点单，请告诉我。

注意：动作主体是听话人（顾客），需要用尊他，決まる + お～になる（尊他）→お決まりになる + ～たら（表假定）。

3.【お／ご～です】

【お + （动1、动2）动词ます形 + です】；【ご + （动3）词干 + です】

表示对对方动作、行为的敬意，常用来表示正在进行的、反复发生的或者

未来的动作或状态。能用这种尊他语形式的动词比较有限。

【真题再现】

先生は最近、どんな本を（　A　）。（2006）

　　A. お読みですか　　　　　　　B. お読まれですか

　　C. お読みしますか　　　　　　D. お読まれしますか

译文：老师您最近都在读些什么书呢？

注意：动作主体是老师，需要用尊他。読む→お ＋（动1、动2）动词ます形 ＋ です→お読みです。B选项：敬语表达一般不叠加使用，应改为「読まれますか」。C选项为自谦表达。D选项不存在。

もう（　B　）か。もう少しゆっくりしてくださいよ。（2015）

　　A. 帰る　　　　　　　　　　　B. お帰りです

　　C. お帰りします　　　　　　　D. お帰りくださる

译义：您这就要回去了吗？再悠闲地待一会儿吧。

注意：动作主体是听话人，需要用尊他。帰る→お ＋（动1、动2）动词ます形 ＋ です→お帰りです。C选项为自谦表达。D选项意思是"你为我回家"。

すみませんが、外国人登録証明書は（　D　）でしょうか。（2016）

　　A. 持ち　　　　B. 持って　　　　C. 持たれ　　　　D. お持ち

译文：不好意思，请问您带外国人登录证明书了吗？

注意：动作主体是听话人，需要用尊他。持つ→お ＋（动1、动2）动词ます形 ＋ です→お持ちです。

王君、先生が研究室で（　D　）ですから、急ぎましょう。（2018）

　　A. 待ち　　　　B. 待って　　　　C. 待たれ　　　　D. お待ち

译文：小王，老师正在研究室等着，我们快点吧。

注意：动作主体是老师，需要用尊他。待つ→お ＋（动1、动2）动词ます形 ＋ です→お待ちです。

「今度の連休は（　A　）。」

「ええ。せっかくですから、どこかへ行ってみたいですね」（2019）

　　A. お出かけですか　　　　　　B. お変わりありませんか

　　C. そんなことはありませんよ　　D. ちょっとお願いがありますが

译文："下次连休要出门吗？"

　　　"嗯。难得有机会，想去哪看看呢。"

注意：出かける→お＋（动1、动2）动词ます形＋です→お出かけです。
B选项"一切如常吧"。C选项"没有那种事啦"。D选项"有件事要麻烦／拜托您"。

4.【被动表尊他】动词的被动形可以表示尊敬程度较低的尊他语。
【真题再现】
高橋さん、どのようなお仕事を（　B　）いますか。（2019）
　　　　A. みえて　　　　　B. されて　　　　C. 申して　　　　　D. 致して
译文：高桥先生在做什么样的工作呢？
注意：动作主体是老师，需要用尊他，此处使用了被动表尊他。

5.【お／ご～ください】
【お＋（动1、动2）动词ます形＋ください】【ご＋（动3）词干＋ください】
表示请对方做某事，是比「～てください」更加有礼貌、更加尊敬的表达，若动词存在特殊形，则用「特殊形」—て形＋ください。
【真题再现】
「すみませんが、美術館内でのカメラの撮影は（　A　）。」
「そうですか。どうも、すみません。」（2005）
　　　　A. ご遠慮ください　　　　　　　B. ご遠慮くださいます
　　　　C. ご遠慮なさいます　　　　　　D. ご遠慮致します
译文："不好意思，请不要在美术馆内拍照。"
　　　　"那样啊，真的很对不起。"
注意：动作主体是听话人，使用尊他，ご＋（动3）词干＋ください，表示请对方做某事。

わたしの作文はいかがでしたでしょうか。先生のご感想を（　C　）ませんか。（2013）
　　　　A. 聞いてやりませんか　　　　　B. お伺いし
　　　　C. お聞かせください　　　　　　D. お聞かせし
译文：我的作文怎么样？请让我听听老师您的意见吧。
注意：请老师让我听（聞かせる：使役形），动作主体是老师。

どうぞ、どれでもお好きな本を（　B　）。（2017）
　　　　A. ご覧してください　　　　　　B. ご覧になってください
　　　　C. 拝見してください　　　　　　D. 拝見してもかまいません

译文：请随意浏览阅读喜欢的书。

注意：动作主体是听话人，需要用尊他，见る→ご覧になる（尊他）→～てください（请求对方做某事）。

6. 其他

こちらはみな元気にしておりますが、（　B　）はいかがでしょうか。（2007）

　　　　A. そっち　　　　B. そちら　　　　C. あなた　　　　D. あなた方

译文：这边大家都过得很好呢，您那边如何？

注意：本题考察人称代词及指示代词，根据本题的语境需要使用对应的礼貌语，「そちら」表示"对方那边"，即"您那边"。「そっち」为口语说法，「あなた」是"你"，一般不直接称呼对方，「あなた方」为"你们"。

「先生、論文のことをご相談したいのですが、何時まで大学にいらっしゃいますか。」

「6時までずっと（　A　）よ。」（2013）

　　　　A. います　　　　　　　　　　B. あります

　　　　C. まいります　　　　　　　　D. いらっしゃいます

译文："老师，我想和您商量一下论文的事，请问您在大学待到几点？"
　　　　"一直待到6点哦。"

注意：括号处是老师陈述自己的事情，动作及说话主体都是老师本人，听话人是学生，此时无须使用自谦或尊他。

甲：「ジュースを買ってきましょうか。」

乙：「（　B　）。」（2023）

　　　　A. ええ、もちろん　　　　　　B. すみません。お願いします

　　　　C. 大変お世話になりました　　D. それはいいですね。いつですか。

译文："我去买果汁回来吧？"
　　　　"不好意思，拜托你了。"

【自谦】
1. 特殊自谦语

基本形	謙遜語	謙遜語（ます形）
行く／来る	参る（まいる） 伺う（うかがう）	参ります 伺います
いる	おる	おります
する	致す（いたす）	いたします

续表

基本形	謙遜語	謙遜語（ます形）
見る	拝見する	拝見します
見せる	お目にかける ご覧に入れる	お目にかけます ご覧に入れます
聞く	伺う	伺います
訪ねる	伺う	伺います
会う	お目にかかる	お目にかかります
言う／話す	申す（もうす） 申し上げる（もうしあげる）	申します 申し上げます
思う	存じる（ぞんじる）	存じます
食べる／飲む	いただく	いただきます
分かる	承知する（しょうち） かしこまる	承知します かしこまります
あげる	さし上げる	さし上げます
もらう	いただく 頂戴する（ちょうだい）	いただきます 頂戴します
知っている	存じている 存じ上げている	存じています 存じ上げています
～ている	～ておる	～ております
～ていく／てくる	～てまいる	～てまいります
～てあげる	～てさしあげる	～てさし上げます
～てもらう	～ていただく	～ていただきます

【真题再现】

あのような有名な方に（　D　）、たいへんうれしく思いました。（2003）

　　　　A. お目にかかられて　　　　　　　B. お目にかけて

　　　　C. お目にかけられて　　　　　　　D. お目にかかれて

译文：能够见到那么有名的人，我感到十分开心。

注意：动作主体是说话人，需要用自谦，「お目にかける」为「見せる」的自谦表达，「お目にかかる」为「会う」的自谦表达（本题使用了可能形）。

わたくし、隣に引っ越して（　B　）中村と申します。よろしくお願いいたします。（2007）

　　　　A. いらっしゃいました　　　　　　B. まいりました

　　　　C. うかがいました　　　　　　　　D. いただきました

译文：我是搬到您隔壁的中村。请多多关照。

注意：动作主体是说话人中村，需要用自谦，来る→参る（まいる）（自谦）。

お客様に、ご案内（　A　）。ただいま屋上でお花教室を開いております。（2011）

A. もうしあげます　　　　　　B. いただきます
C. させられております　　　　D. いたしております
译文: 各位客人，由我来为大家指引／介绍。现在在楼上插花课正在进行中。

一度お母様にも（　C　）、料理のことなどお伺いしたいと思っています。
（2012）
A. ご覧になって　　　　　　B. ご覧なさって
C. お目にかかって　　　　　D. お見えになって
译文：想见您母亲一面，向她请教一下有关料理等方面的事。
注意：会う→お目にかかる（自谦）。

わたしは来月北京へ（　A　）予定でございます。（2014）
A. 参る　　　B. 参られる　　　C. 来られる　　　D. いらっしゃる
译文：我打算下个月去北京。
注意：动作主体是说话人，需要用自谦，来る／行く→参る（自谦）。

「鈴木さん、今、これ、郵便局に行って出して来てくれないか。急ぎなんだよ。」
「はい、すぐ出して（　A　）。」（2016）
A. まいります　　　　　　　B. もらいます
C. いただきます　　　　　　D. くださいます
译文："铃木，现在能帮我去邮局寄一下这个吗。比较急。"
　　　　"好的，我这就去寄。"

「渡辺と申します。2時に山田部長に（　A　）ことになっております。」
（2018）
A. お目にかかる　　　　　　B. お目にかける
C. お会いされる　　　　　　D. お見えになる
译文："我叫渡边。2点要和山田部长见面。"

「どんなお仕事をされているんですか。」
「料理教室を（　A　）。」（2020）
A. 経営しております　　　　B. ご経営になります
C. 経営なさっています　　　D. 経営していただいています
译文："您正从事什么工作呢？"
　　　　"我正经营着一家料理教室（教烹饪的培训班）。"

注意：动作主体是说话人，需要用自谦，経営しています→経営しております（自谦）。

「何もありませんが、どうぞお召し上がりください。」
「ありがとうございます。遠慮なく（　C　）。」（2022）
　　　　A. まいります　　　　　　　　B. お食べします
　　　　C. いただきます　　　　　　　D. 召し上がります
译文："粗茶淡饭，请品尝。"
　　　　"谢谢，那我就不客气了。"
注意：动作主体是说话人，需要用自谦，食べる→いただく（自谦）。

私は今外に（　A　）ので、帰ったら連絡いたします。（2023）
　　　　A. おります　　　　　　　　　B. おられます
　　　　C. いらっしゃいます　　　　　D. ございます
译文：因为我现在正在外面，回去后我联系您。
解析：我目前正在外面，叙述自己动作或行为时使用自谦语表达。

これらの品物は無料で（　B　）ので、ほしい方はご連絡ください。（2023）
　　　　A. くださいます　　　　　　　B. さしあげます
　　　　C. いただきます　　　　　　　D. いたします
译文：这些商品是免费赠送的，需要的人请联系（我）。

2. 无特殊自谦语时使用的变形方式【お／ご～します】

【お＋（动1、动2）动词ます形＋します】；【ご＋（动3）词干＋します】
「する」可用「いたす」来代替，自谦程度更高。
【真题再现】
私から田中先生のご質問に対して、（　D　）ます。（2004）
　　　　A. 答えられ　　　　　　　　　B. お答えになり
　　　　C. ご答えし　　　　　　　　　D. お答えし
译文：我来回答田中老师的提问。
注意：由「私から」可知动作主体是说话人，因此用自谦，答える→お＋（动1、动2）动词ます形＋します→お答えします。

国民保険のことについて（　B　）が、何番の窓口でしょうか。（2008）
　　　　A. お聞かせです　　　　　　　B. お聞きしたいんです
　　　　C. 聞かれたいんです　　　　　D. お聞きです

译文：我想咨询一下关于国民保险的事，请问是几号窗口呢？
注意：聞く→お＋（动1、动2）动词ます形＋します→お聞きします＋たい（第一人称想做某事）＋んです（强调）。

（研究室で）先生、この本を来月まで（　C　）よろしいでしょうか。
（2013）

  A. 借りさせて   B. 借りられて

  C. お借りして   D. お借りになって

译文：（在研究室）老师，这本书我可以借到下个月吗？
注意：动作主体是说话人，需要用自谦，借りる＋お＋（动1、动2）动词ます形＋します→お借りします＋～て形－よろしいでしょうか（询问对方"……也可以吗？"）。

店員：「では、この機械の使い方を（　D　）。」
客：「ええ、お願いします。」（2013）

  A. 説明してください   B. 説明なさいます

  C. ご説明いただきます D. ご説明いたしましょうか

译文：店员："那么，我来说明一下这台机器的使用方法吧。"
   客人："嗯，那就拜托了。"

この度は、先生にいろいろご心配を（　B　）、申し訳ございませんでした。
（2015）

  A. ごかけして   B. おかけして

  C. ごかけになって   D. おかけになって

译文：这次让老师多有担心了，真的很抱歉。

「注文、お願いします。」
「はい。（　B　）。」（2017）

  A. そうですか   B. お待たせしました

  C. よくいらっしゃいました D. お伺いしたいと思います

译文："麻烦点餐。"
   "好的。让您久等了。"
注意：待つ→待たせる（让某人等）→お＋（动1、动2）动词ます形＋します→お待たせします。

先生、ちょっと悩んでいることがありまして、ご相談（　A　）んですが。
（2019）

A. したい　　　　B. されたい　　　C. あげたい　　　D. なさりたい

译文：老师，我有些烦心事，想和您商量一下。

先生、わたしの携帯番号をお書き（　C　）ましょうか。（2020）

A. まいり　　　　B. もらい　　　　C. いたし　　　　D. ください

译文：老师，我写一下我的手机号吧。

もう遅いから、少しお待ちいただければ、車で（　C　）。（2021）

A. お送りなさいます　　　　　　　B. お送りください

C. お送りいたします　　　　　　　D. 送ってください

译文：已经很晚了，如果能请您／劳烦您稍等一下的话，我开车送您。

新しい一年が先生にとって幸せな年でありますよう（　D　）。（2022）

A. 祈られます　　　　　　　　　　B. 祈りなさいます

C. お祈りになります　　　　　　　D. お祈りいたします

译文：祈祷新的一年对老师来说是幸福的一年。

注意：「～ありますよう」的「～よう」也可以说成「～ように」，表示后面的"祈祷"的内容。

3.【お＋（动1、动2）动词ます形＋いただきます】
【ご＋（动3）词干＋いただきます】
表示得到／请／让 他人做某事，包含了感谢之意，比「～ていただく」的自谦程度更高。
【真题再现】
「社長さんがお帰りになりましたら、電話があったと（　B　）でしょうか。」
「はい、分かりました。」（2012）

A. お伝えいただきます　　　　　　B. お伝えいただけます

C. 伝えて差し上げます　　　　　　D. お伝えしていただけます

译文："如果社长回来，能否（请您）帮忙转告他我给他打过电话呢？"
　　　　"好的，我明白了。"

申し訳ありませんが、入り口までご案内（　D　）か。（2017）

A. あげます　　　　　　　　B. あげません

C. いただきます　　　　　　D. いただけません

译文：不好意思，能请您带我到入口吗？